U0307196

路长全 营销理论及方法

路长全 营销战略

先胜后战

路长全 ◎ 著

中国营销战略与品牌运营专家

机械工业出版社
CHINA MACHINE PRESS

本书分为六章，分别从营销大思想、营销大智慧、营销大思维、营销大成果、互联网＋战略、战略大赢家六个方面阐述营销的理论和方法。阅读本书，你会明白：营销是我们普通人突破竞争、改变命运的战略性知识；你会坚信：没有哪一个品牌强大到不能被挑战，也没有哪一个企业弱小到不能去竞争；你会理解：战略就是大处要壮阔，小处要锋利！不做第一，就做唯一。

如果你是想打造品牌的企业家，是想突破企业瓶颈的中高层管理者，是想获取财富的生意人，是想提升技能的营销人，是想取得事业成功的创业者，那么，你可以好好阅读本书！相信你一定会有所收获。

图书在版编目（CIP）数据

先胜后战.营销战略 / 路长全著. — 北京：机械工业出版社，2018.6

ISBN 978-7-111-60085-5

Ⅰ.①先… Ⅱ.①路… Ⅲ.①营销战略 Ⅳ.①F713.50

中国版本图书馆CIP数据核字（2018）第113155号

机械工业出版社（北京市百万庄大街22号　邮政编码100037）
策划编辑：马　佳　　责任编辑：马　佳
责任印制：李　昂　　责任校对：赵　蕊
北京瑞禾彩色印刷有限公司印刷

2018年9月第1版・第1次印刷
180mm×250mm・12.75印张・3插页・173千字
标准书号：ISBN 978-7-111-60085-5
定价：108.00元

前　言

2018 年上半年最让我们闹心的一件事莫过于"中兴芯片事件"，14 亿美元的罚款，相当于每一个中国人罚了 1 美元。中国的软肋被击中，被动又无奈。

让我们引以为豪的"世界 500 强"企业华为，还有"中国 500 强"企业联想等，在芯片上都严重依赖国外技术。支付宝可以在全球 36 个国家和地区与数十万名商户交易，但是交易用的二维码却是日本的专利技术。

我们为什么会遭遇如此打击？不是因为对手太坏，是因为我们迷失了方向。

改革开放的前 20 年，我们在出口贸易、生产组装、渠道分销领域做得可谓登峰造极，依靠"中国制造"这一战略定位和中国劳动力成本优势，度过了生存期，赚到了钱。

但是在改革开放的近 20 年，我们没有继续升级我们的战略，习惯性地重复着以往的挣钱方式，直到成长为没有品牌价值、没有核心技术的"巨婴"，当对手反戈一击，我们就倍感窒息，无力还手。

未来 30 年，我们必须通过**"品牌＋技术"双核驱动战略**让中国真正强大起来！第一，从"中国制造"走向"中国智造"，掌握核心技术，让中国产业从市场应用竞争走向核心技术较量。第二，从产品竞争走向品牌竞争，强化品牌力量，让中国企业从产品低价竞争走向品牌价值较量。

战争是流血的经济，营销是不流血的战争。

人类自古以来就一直进行着财富的争夺战，大至国家，小到组织和个人，而且一刻都没有停止过。未来 30 年，我们必须团结一切可以团结的力量，集聚一切可以集聚的资源，用品牌和技术守护全球最大的市场——中国 14 亿人的市场，用品牌和技术赢得全球市场的价值和尊重，这是我们当今所有企业家的使命。

作为和你们一起生存在这个时代的营销实战专家，我肩负着一个使命：帮助中国企业摆脱低价竞争的魔咒，帮助国家打造出更多的中国品牌、世界品牌。

没有什么品牌强大到不能被挑战，没有哪个对手弱小到不能去竞争。

营销的价值就是——先胜后战。

《先胜后战》是我 30 年营销实战经验的凝练，我想告诉大家一种不战而胜的思维格局，如何捕捉宏观的战略时机？如何进行战略顶层设计？如何找到战略落地路径？如何规避错误的理念？如何运用正确的战术和方法？……营销是一种智慧，是一种格局，是一种系统，所以如果你能掌握书中的智慧和技能，你就能做到先胜后战。

《先胜后战 . 营销战略》第一次把营销上升到战略的高度来俯瞰世界。

战略是一个国家、一个企业、一个人摆脱困境、走向成功的起点。

战略是一把刀，如果你握住刀背，最坏的结果也会保护你；如果你握住刀刃，最好的结果也会伤害你。

有很多企业的营销是：爬到了梯子的顶端才发现梯子靠错了墙。企业在战略上最容易进入两个误区：第一个误区：忽略未来的发展，不用未来决策现在，而是用现在决策未来，甚至用过去决策未来；第二个误区：忽略企业的承载力，认为财力就是一切。

战略上的误区往往导致全盘皆输，战略决定成败，战术决定好坏，不要用战术上的勤奋掩盖战略上的失误。如果我们的国家和企业在 20 年前就开始研发技术、塑造品牌，今天的局面就会截然不同，我们就不会遭遇今天的尴尬。

《先胜后战》是我的第一套系列丛书，《先胜后战·营销战略》之后，还有《先胜后战·营销策略》及《先胜后战·营销执行》陆续上市，我会带领大家从战略上把格局打开，然后一步步落实到策略和执行上，大处壮阔，小处锋利，帮助企业或者个人做到先胜后战。

路长全

2018 年 7 月

目　录

第二章　战略大智慧

战略是一把刀，你握住了刀背还是刀刃

第三章　战略大思维

赞伯 3+1 金钻战略模型，定位第一战略

第四章 战略大成果

不管你拿到的牌多么糟糕，基于现实的解决方案一定存在淮安是中国苏北的一个地级市,如何从近300个地级市中脱颖而出?一定要站在中国乃至世界的高度,给它一个大的定位。聚焦一个大IP——淮安是《西游记》作者吴承恩的故乡,打造一个西游记主题公园,塑造一个大西游产业链,比如说电影、动漫、游戏、玩具产业、食品等产业,把淮安从一个农业城市升级为世界神话旅游"圣"地!

第五章　互联网 + 战略

互联网改变世界才刚刚开始

互联网对人类商业活动最大的推动作用是什么?不是新科技的发展,而是沟通方式的改变,导致人类协作方式、分配方式等发生了巨大变化。互联网将让这个社会更加透明和公正,让优者自然胜出,让劣者快速出局。

互联网带来了生活便利、工作便利的同时,也威胁着人类的健康。一方面,互联网为大健康服务提供了条件,比如在线问诊咨询、远程医疗等。另一方面,长时间的面对电脑,使颈椎病、"三高"患者越来越多……以往我们谈健康、谈护理,往往针对小孩和老人,互联网时代,全年龄段的大健康成为刚需。

第六章　　战略大赢家

谁定规则，谁就能赢

第一章

营销大思想

营销改变世界

01

如果你不是这两种人，营销就是你终身从事的事业

世界上只有两种人不用学营销，如果你不是含着金钥匙出生的人，也不是像乔布斯一样的天才，那么营销就是你终身从事的事业。营销是我们突破社会竞争，改变命运的战略性知识。如果你一辈子需要学习一门知识，那就是营销。

很多人有一个误区：认为营销只是一个职业，只有那些做市场、做销售的人才需要学习。

但是，在我看来，世界上只有两种人不用学营销。

第一种是含着金钥匙出生的人，这种人一出生就吃喝不愁，钱几代人都花不完，可以不需要学营销。

第二种就是天才，比如乔布斯，一出手就能创造出让世界惊叹的产品，即使全世界所有的"安卓党"加起来可以收获的最大的销量，也无法遮挡乔布斯的苹果 IOS 的光芒。

如果大家不是这两种人，和我一样，是一个普通的人，出生在一个普通的家庭，面对的是一个普通的、纷繁的、复杂的现实世界，那就把营销当成一生的必修课吧。

> 如果你不是含着金钥匙出生的人，也不是什么天才，那么营销就是你终身从事的事业。

营销、营销，经营销售。销售是需要经营的，就像孩子的成长需要培养一样。所以在我看来，天下没有什么真正意义上不好的产品，只有不好的营销，当然，前提条件一定是要符合国家标准，这是做人做事的底线。在符合国家标准的前提下，同行业的产品其本质上是一样的，就看你能不能营销出不一样的概念、不一样的感觉，能不能跟消费者进行有效的沟通。

没有不好的孩子，只有不好的家长或者不好的老师；没有长得不漂亮的姑娘，只有不会打扮自己的姑娘。

很多人经常问我一个问题："路老师，明明我的产品比对手好，却卖不过对手，你看我多冤枉啊？我明明正直、勤奋又聪明，怎么人到四十还一无所成？"

还有一次，一个女主持人问我："路老师，我明明长得好看、有才、心灵美，怎么找一个如意的男朋友就那么困难呢？"

其实大家说的这些问题，都是营销问题。

> ■ 你自己优秀，和让别人认为你优秀是两件事情。如何达成外界对自己的有效认知，就是营销的本质属性——创造、沟通与传递价值。
> ■ 要卖价值，即使今天没有价值，也可以卖未来的价值。

国家如果没有与世界沟通好，就会被误解、防范、抵制，甚至战争，国泰民安就成了神话！

企业如果没有将自己与消费者、客户沟通好，就没有人乐得买，也没有人乐得卖，技艺再高深，最多是："啊！你知道吗？耐克的鞋帮是我们生产的"，你也只能以为国外大牌代工而骄傲。

个人如果没有将自己与他人沟通好，那日子就太难熬了。自认为忠心耿耿，每天加班到深夜，但加薪却比别人慢半拍。

不管是个人的自我营销、企业的产品营销还是国家的营销，都需要深厚的营销功底和运用自如的营销技能。

有一次，我带着小孩在一个小区玩，那是一个高档的小区，小区里面有一个游乐园，另外一个妈妈也带着孩子在旁边玩，那个小女孩怯生生地说："妈妈，我也想住在这样的大房子里！"孩子用满怀希望的眼神看着妈妈，结果得到的回答却是："别做梦啦！就你爸那点儿工资，能住上现在这个'窝'就不错了，你这辈子都别想了。"

我就看那孩子的眼泪啪嗒啪嗒掉下来，本来还兴高采烈地玩耍呢，这会儿就没精打采了。她很落寞地跟她妈妈讲："妈妈咱们回去吧。"

大家看，妈妈这样的回答，硬生生打断了孩子对美好事物的向往，同时阻断了她通向成功的路径，在孩子心中会留下多大的阴影和伤害啊？这样的回答，几乎断定了孩子这一生所处的阶层，让她不敢往好处想，好像她命中注定就应该住小房子一样。

我觉得妈妈完全可以这样回答孩子："好啊，那我们和你爸爸一起努力，等我们挣到足够的钱，我们也能住上这样的大房子。"

这样回答，首先承认了孩子对美好事物的向往，其次给她构建了一个通向成功的路径：只要肯努力，愿望就能实现。大家看，良好的沟通对孩子的未来是多么重要。

营销产品也是如此。一个好的营销，能把普通的产品卖得熠熠生辉、光彩照人。比如可口可乐这样一瓶"黑水"，在全世界的营销做得多好，赚得钵满盆满。

在后面的章节里，我会列举大量的案例，比如我们如何将一个小品种玉米油，从 1000 万元营销到 50 亿元，成为一个优秀的上市公司；我们如何将一个叫"公牛"的小插座营销成一个小行业走出来的大企业，成为几乎所有行业研究和学习的样板。

国家同样需要营销。两年前，我到美国去学术交流，一些美国本土的朋友给我提了一些让我觉得莫名其妙的问题，比如说，你们中国人能不能吃饱？你们是不是还在跳忠字舞？你们中国人是不是还是留着辫子练功夫？

他们为什么会问这么奇怪的问题？我们中国历经 40 年的改革开放，取得了很大的成就，但是我们没有很好地向世界展示，没有很好地向世界完成一个价值的沟通的过程。这就是为什么我们的习总书记提出"一定要讲好中国故事，传播好中国声音"的原因。

所以，无论是个人、企业还是国家，都需要学习营销。营销不是忽悠，尽管有人忽悠，但那不是营销。营销对于我们普通人来说，尤其重要，是我们突破社会竞争、改变命运的战略性知识。

如果你一辈子需要学习一门知识，那就是营销。

02
战争是流血的经济，
营销是不流血的战争

财富争夺战有两种形式：一种叫硬战争，一种叫软战争。硬战争让我们看到的是杀戮、是侵略、是仇恨，而与此同时，这个世界上还在进行着另外一场规模更大、看不到硝烟、看不到仇恨、没有边界、没有中止的财富争夺战，就是营销这场软战争，软战争的主体不是国家，是企业家。

　　战争是流血的经济，营销是不流血的战争。这是我2006年在写《软战争》时提出来的观点，当时很多企业家被震惊了，因为那几年外资、合资企业在中国发展达到了巅峰，国外的车、国外的衣服、国外的汽水、国外的面包……"国外的"代表着中国人的收入和品位。同时，很多企业还在忙忙碌碌地接着国外的加工订单，似乎一切都那么美好。

　　一些朋友觉得这句话很犀利，一语点破竞争的本质；也有一些朋友觉得这句话蕴含着一种民族企业的情怀。《软战争》一经上市就受到众多企业家的追捧，这本书的出版比2008年中国经济第一次降温提前了2年。10年过去了，还有很多朋友问这本书在哪能买到，可惜我也不知道。

　　为什么说"战争是流血的经济，营销是不流血的战争"？因为人类自古以来就一直进行着财富的争夺战，大至国家，小到组织和个人，而且一刻都没有停止过。

> ■ 财富争夺战有两种形式：一种叫战争，一种叫营销。
> ■ 前者叫硬战争，后者叫软战争。

战争是流血的经济，它的组织形式是军队，杀戮是它的基本手段，争夺的是一个国家的经济资源。

营销是不流血的战争，它的组织形式是企业，它的基本手段是竞争，争夺的是市场资源。

如果大家读过《人类简史》，就会发现人类在漫长的进化过程中，可以划分成三个时代，但人类争夺财富的主线和它的脉络一直没有发生大的变化。

第一个时代是采集和狩猎时代。这是一个漫长的时代，大约经历了 1000 万年，人类依靠捕获的猎物和采摘的果实生存，形成了血缘家族公社。那时候人们争夺的是生活基地、野兽和野果，他们用的是石器和火。

第二个时代是农耕时代。人类完成了对野生作物的驯化，实现了大面积种植，大规模种植玉米、水稻和小麦，这时候争夺的资源主要是土地资源，因为土地是我们的生存之本，为了争夺土地，部落之间可以拼得你死我活，当时的暴力行为可以造成人类 15% 的死亡率，男性达到 25%。

第三个时代是现代社会。人类和动物最大的区别在于"想象力"，更重要的是可以"共同想象"一个虚构的故事，形成一个组织或者国家。这种想象力赋予人类无穷的力量，人类可以为了一个共同的理想、使命和价值，集结大批人力灵活合作，不断地扩大自己的领域。随着竞争越来越激烈，争夺的手段就越来越残酷了，最后升级到发动硬战争和软战争。

> 我们先说硬战争，人类是唯一有能力大规模组织几十万、上百万人来屠杀自己同类的这样一个物种，其他动物没有这种能力。

人类的硬战争是残酷的、血淋淋的，让我们仇恨和唾弃。比如说第二次世界大战，日本人从中国掠夺的真金白银达到 500 多亿美元，其他资源更是不计其数，仅仅从我国东北就掠夺了 2 亿多吨的煤资源。

硬战争让我们看到的是杀戮和侵略，但实际上争夺的还是财富和资源分配的话语权，所以，战争是流血的经济，是硬战争。

而与此同时，这个世界上还在进行着另外一场规模更大、看不到硝烟、看不到仇恨、没有边界、没有终止的财富争夺战，就是营销这场软战争。

可口可乐在世界各地随处可见，当我们中国人张开嘴巴喝进这种"黑色液体"的时候，很少有人意识到我们的财富正在源源不断地流向美国。

当韩国的三星手机、日本的丰田汽车在中国销售的时候，我们也很少会意识到几千亿美元的财富正在源源不断地流向韩国和日本。

我曾和一位日本著名汽车公司的负责人说过："你们同样是把汽车运到中国，但是在战争时代和和平时代的收获截然不同。

第一，在战争年代，你们是用战争的手段，每年向中国战场输送 13000 辆汽车；在和平年代，你们是用营销的手段，在中国市场上销售的高档汽车早已超过了这个数字。

第二，在战争年代，你们带走了中国人的头颅和鲜血；在和平年代，你们带走了中国人的金钱和财富。

第三，在战争年代，我们仇恨你们；在和平年代，我们接受你们，甚至感激你们。"

硬战争的主体是国家，我国一直在做硬战争准备，所以我国的国防力量、军事力量一直在不断增强。

软战争的主体不是国家，软战争的主体是企业，但绝不是企业用低成本的制造换取生存的成本，而是用中国的品牌获得应有的价值和荣耀，就像韩国人以用三星手机、开现代汽车为荣耀一样，只有在市场上让我们的品牌强大起来，我们的国家才会真正的强大。

1978 年，中国经济还十分落后，为了进入中国市场，可口可乐采用邮寄销售的方法，把可口可乐摆放在北京长安街的友谊商店，专供那些来华工作的外国人以及有外汇收入的中国人享用。

可口可乐打开中国市场的第一步就是在中国树立起了可口可乐"洋货""高档"且代表美国文化的品牌形象。1979 年，一斤猪肉 1 元，可是一罐可口可乐 2.5 元，是不是够奢侈。

可口可乐打开中国市场的第二步是"傍大款"。1978 年 12 月，可口可乐与中粮集团达成协议，在中国设专厂灌装并销售可口可乐。可口可乐公司还"一女多嫁"，同时与中信集团旗下的中萃公司合作生产可口可乐，包括后来的大名鼎鼎的浙江中唐集团（一家实业投资、资产管理公司）。

1979 年 9 月，第一批瓶装可口可乐到达中国，销售地点主要是友谊商店。那个时候，友谊商店就是中国奢侈品的聚集地，人们常常会在门外窥看商店里到底卖什么货品。

近 40 年过去了，可口可乐在中国的销售收入累计超过了 6000 多亿元，让可口可乐感到无比荣耀的是：支持它在中国实现 6000 多亿元销售的是中国最牛的大国企。而耐克运动鞋在中国的代工企业也只是不知名的中小企业。一瓶饮料从配方到生产，能有多少技术含量？凭借中粮集团的实力，用 40 年的时间完全可以打造中国第一的饮料，但是却用自己坚实的臂膀托起了可口可乐。

不能说是中国的大企业故意而为之，而是反映了当时的中国只有生产意识，没有营销意识。

> 过去，我们依靠"中国制造"度过了生存期和发展初期，未来，我们必须通过产品制造、文化塑造，打造和传播中国品牌，用品牌守护全球最大的市场——中国 14 亿人的市场，用品牌赢得全球市场的价值和尊重。

03

为什么大国后代丧失了对韩流的免疫力？

19世纪是武力征服世界，韩国很落后；20世纪是品牌征服世界，韩国集国家力量打造了很多品牌，如三星、LG及现代等；21世纪是文化征服世界，韩国集国家力量打造了一系列电视剧，向全世界输出。和平化年代，娱乐化时代，营销的力量可以和枪炮媲美。营销不仅是企业的事，也是国家的事。

有一天我在电梯里听见三个姑娘在聊天，其中一个姑娘说："我太喜欢都教授了，如果嫁人能找到像都教授这样的男人就好了！"旁边另外一个女孩说："什么都教授啊？"这个女孩反击说："连都教授都不知道，你落伍了！"当时我就在想：我是不是也落伍了呢？

我回家问我的孩子："都教授是谁啊？""老爸，都教授都不知道？你真是落伍了！他是韩剧《来自星星的你》的男主人公啊！"孩子回答道。

为了避免落伍，我立刻在手机上下载了这部韩剧，每天上下班的路上开始追剧。看了这部电视剧，做营销工作几十年的我感到非常震撼，这哪是一部电视剧啊？这简直就是一个营销韩国的长广告！

首先，这部电视剧从主角到配角，无论扮演的角色是好人还是坏人，穿衣打扮都美到极致，所以它展示给我们的是美到极致的韩国，但是，如果你去过韩国就会发现，韩国的大街上其实也没有那么多美女，而且个子也不是很高。

为什么韩国电视剧里要把这些人物塑造得这么美呢？因为韩国要向全世界推广两个重要的产业：化妆品和医学美容。你可以生来不漂亮，但是可以通过化妆变得漂亮，可以通过医学美容整得漂亮，事实证明其效果是显而易见的。据不完全统计，中国每年接近 10 万名女性到韩国去整容，占韩国医疗观光游客的 70%，中国女性同胞给韩国医疗观光产业带去至少 100 多亿韩元的收入，而且这个数字还在以每年 10%~15% 的速度增长。

首尔狎鸥亭洞整容一条街全长不足 1000 米，有 800 多家整形医院，每年吸引中国、日本、俄罗斯等受"韩流"影响的人们"整容观光游"，其中中国人占比 70%。

其次，让我震撼的是这部电视剧中每一个镜头、每一个场景都很美，就连吵架都吵得让人觉得很美。两个人吵架的场景中的每一棵树、每一条河流都很漂亮，就连路边吃饭的小馆子都很干净漂亮。在营销的课程中，我们经常会说"细节决定成败"，韩剧把细节做到了极致！

最后，让我震惊的是韩剧对国产品牌的宣传达到了极致。比如，这部剧的镜头总是不经意间掠过泡菜、三星手机、LG 冰箱、现代汽车、兰芝化妆品等韩国特色产品，它在不断地向观众展示韩国的品牌。再比如，韩国的汽车工业和中国几乎同时起步，虽然韩国的市场很小且不生产钢铁，但他们利用韩国有限的市场和资源，竟然将现代汽车打造成了世界知名的汽车品牌，在北京的大街小巷，穿梭来往的出租车有很多是韩国现代轿车。由此可见韩国人多么重视和尊重本土品牌。

我记得韩国前文化部长说过三句了不起的话：

- 19世纪是武力征服世界的世纪，那时候是第二次世界大战前后，韩国很落后。
- 20世纪是品牌征服世界的世纪，因此，韩国集国家的力量打造了一个又一个的品牌，像三星、LG及现代等。
- 21世纪是文化征服世界的世纪，所以，韩国每年集国家的力量打造了一系列电视剧，向全世界输出。

韩国的媒体曾经讨论过关于担心中国电视台不播放韩国电视剧的话题，他们说："哪怕给中国电视台钱，只要他们同意播我们的电视剧。"但是，他们没想到，中国的电视台引进了一部又一部的韩剧。从1993年到现在至少引进了70部，《大长今》《百万朵玫瑰》《野蛮女友》等。

韩国是一个资源相对贫瘠的国家，但是懂得营销的力量，他们说："要把国土小的韩国营销成全世界心目中的大韩国！"

日本的前首相麻生太郎就曾经大力推动日本发展动漫产业，2006年，麻生太郎提出"文化外交新构想"，主张通过动漫艺术"打磨日本的形象，推销日本的梦想"，使外国观众一听到日本动漫就立刻联想到"明快、温暖、漂亮和酷"。为了扩大日本动漫在国外的影响力，日本外务省（日本政府负责对外关系事务的最高机关）还曾拨款24亿日元从动漫制作商手中购买动画片播放版权，将这些动画片免费提供给发展中国家的电视台播放。麻生太郎曾经公开表示：

"日本动漫产业的出色工作已经抓住了包括中国在内的许多国家的年轻人的心。"

对于日本，发展动漫产业的意义不仅仅因为它比汽车产业还挣钱，还因为它已经成为"传播日本文化，彰显日本影响力"的国家形象载体。从铁臂阿童木、花仙子到火影忍者、奥特曼、圣战士，从机器猫、樱桃小丸子到网球王子、Hello Kitty，从《龙猫》到《千与千寻》，影响了70后、80后、90后、00后、10后……这远远比教科书的力量强大得多。

我们中国现在比较火的电视剧，无论是《三生三世》《芈月传》还是《琅琊榜》都是讲过去的落后时代的事情，这些剧只能是中国人关起门来自娱自乐的剧目，不能成为输出中国文化、中国产品的载体，中国的电视剧缺少一种把文化营销和产品营销整合在一起的战略性思维。

> ■ 和平年代，娱乐化时代，营销的力量往往可以和枪炮媲美。
> ■ 营销不仅仅是企业的事，也是国家的事。

04

为什么要讲好中国故事，传播好中国声音？

"路先生，在菲律宾问题上，中国作为一个大国，应该遵纪守法，否则这个世界不太平啊！"我在新加坡讲学时，有个教授突然发问我。你看，这就是营销出了问题，我们是一个爱好和平的国家，和让外界认为我们是一个爱好和平的国家，是两件事情。营销的使命就是沟通价值、建立认知。

去年我应新加坡国立大学校长的邀请，给新加坡企业家和商界精英讲《切割营销》和《品牌两级法则》，当时到场的学员有 300 多名，都是举止优雅、穿着讲究的淑女和绅士。

一开始很多学员很好奇：一个发展中国家的教授能讲出什么新鲜的知识啊？开课 15 分钟后，会场的氛围就变得非常好，课间休息的时候，很多企业家朋友就拉着我问问题和合影，他们的热情让我觉得和在清华大学、北京大学讲课时的学生的热

情一样，没什么区别。课程结束后，他们一致表示：听到了非常实用的来自中国商界的理论和方法论。

讲完课，晚上没事，新加坡一些教授和企业家邀请我开一个研讨会，我非常高兴，觉得我们中国发展了，一个普通教授都这么受重视，于是我就很开心地去了。

结果一开题，人家的问题就让我倍感压力："路先生，关于中国和菲律宾在南海纠纷、仲裁的事情，你们中国作为一个大国，应该做到遵纪守法呀，否则这个世界不太平，我们很紧张啊。"

听到他们说出这样的话，我心里一咯噔，随后我反复和他们讲解：南海从历史上到底是怎么回事，我们的祖先很多年前就在这里生存过了，无论按照《国际海洋法》，还是遵循菲律宾的法律，这块地方都应该属于中国。

我不厌其烦地解释了1个小时，他们才恍然大悟："哦！原来是这样子啊！看来是我们误解了！"大家看，沟通多么重要！

习总书记在《人民日报海外版》创刊30周年时作出一个重要指示："**要用海外乐于接受的方式，易于理解的语言，讲述好中国故事，传播好中国声音，努力成为增信释疑、凝心聚力的桥梁纽带。**"习总书记是真的懂营销的，营销就是沟通价值，你有价值和别人认为你有价值，是两回事。沟通价值不仅仅是企业必须做的事、个人必须做的事，也是国家层面需要做的事。

我们中国自古以来就讲究和坚守"和"文化，以和为贵、与人为善，信守和平、和睦、和谐，是中国人的生活习惯，更是中国文化之魂。但是，**我们是一个爱好和平的国家和让外界知道我们是一个爱好和平的国家，这是两件事情，所以沟通和传播很重要。**

大概在七八年前，我到机场接美国来的两个教授，他们是第一次到中国。在高速路上，他们很困惑地问我："路先生，你们中国怎么有那么多高楼和汽车呢？"

我说："为什么我们不能有这么多高楼和汽车？"他们说："你们应该是很贫穷啊！"

我说："为什么我们应该很贫穷？"他说："我在电影里看到你们好像很贫穷啊！"

我想这两位教授的困惑和反应不无道理，没出过国的人通过什么方式来了解外国呢？一定是通过电影、电视剧、动漫！比如，提到西班牙，很多人就想到场面残忍的"斗牛"，就会觉得这个国家有点野蛮，但实际上西班牙早已是一个现代文明的国家了；再比如，提到美国就会想到好莱坞大片和迪士尼动画片，美国大片展示的永远是智慧与科技、激情与勇敢、正义与责任、梦想与未来。但是，你如果真的在美国生活一段时间，你会发现美国还是存在很多问题的。

接着我就问他们："你们看过中国哪部电影啊？"他们说："我看过你们中国两部现实主义电影，而且都得过国际大奖。一部叫《红高粱》，一部叫《卧虎藏龙》。"

我问："你看《红高粱》（右上图）都记住什么？"他们说："记住了你们都很穷，你们喜欢喝烈酒，你们脾气不好。"

我说："那你们看《卧虎藏龙》（右下图）记住什么了？"他们说："记住了你们中国人留着长辫子，穿着长衫，拎着一把剑，在竹子上打架，在水上行走。"

大家看看，第一部电影让外国人觉得"中国人贫穷而落后"，第二部电影让外国人觉得"中国人有点神秘"。

我们的国家一定要讲好中国故事，传播好中国声音，这样我们的企业才会受人尊重，国家品牌是企业产品最有力的背书。

怎样才能讲好中国故事呢？我觉得可以分以下三个层面：

第一个层面：我是谁？我们是一个爱好和平的国家。我们要向其他国家这样讲解，他们就不会担心我们的发展会对他们有什么威胁，这样才能让外国接受中国。

第二个层面：解释中国和外国的关系。中国和外国是朋友关系、合作关系、共赢关系，这样才能让外国喜欢中国。

第三个层面：表达中国对世界的价值。中国以前对世界做出过重大贡献，未来将继续为人类做出重大贡献，这样才能让世界尊重中国。

讲好中国故事，传播好中国声音，是国家层面的营销；讲好品牌故事，传播好品牌声音，是企业层面的营销；讲好个人故事，传播好个人声音，是个人层面的营销。

05

为什么唐纳德·特朗普颠覆了美国总统的从业标准？

唐纳德·特朗普看似不靠谱、不着调、不修边幅，却用五大营销策略颠覆了200多年来美国总统的从业标准，那么在商业世界里还有什么不可以颠覆呢？营销的功能就是：切割市场，改变认知。

2016年11月9号，没有从政经验的唐纳德·特朗普（以下简称特朗普）当选为美国第45任总统，成为美国历史上第一位非政客出身的总统。这个事情被称为当年的黑天鹅事件，舆论哗然。特朗普到底有什么魔法，能让多数的美国人把珍贵的选票投给他呢？

我认为，这个秘诀其实不是魔法，是营销。营销已经从影响经济发展到直接影响政治，请注意，我说的是直接影响政治，过去营销是通过影响经济活动而间接对政治产生作用，但是从特朗普竞选开始，营销，变成一种有效的手段，直接走上政治舞台。

不夸张地说，特朗普是当代美国最懂营销的总统竞选人，他通过"五步营销策略"成功突围。

第一步，人群切割：区别于以往美国总统所代言的精英阶层，特朗普差异化切割了美国"红脖子"（南部那些低教育的贫穷白人农民）阶层。

特朗普为什么切割这个阶层呢？因为他们是美国几十年来"全球主义"最大的受害者。

什么是全球主义？通俗地讲，就是试图对商品、劳动力的流动不加限制，允许人们自由越境，反对本国公民优先获得工作的权利，反对本国公民优先获得其他经济利益。全球主义推动美国企业家和精英阶层实现全球资源整合，哪里资源廉价，就向哪里输出资本、输出技术、输出工厂，获取最低成本的产品；哪里市场大，就向哪里输出品牌、输出服务，创造最大效益的市场。

全球主义让美国投资者和经营者挣得钵满盆满，却导致美国农业、制造业萎缩，大量的美国"红脖子"阶层失业。你也许说，失业怕什么？美国不是有失业保险吗？那你可能不了解"红脖子"阶层，他们是美国工薪阶层中的精神贵族。

> 《哈佛商业评论》有篇文章说得好：美国"红脖子"阶层要的是工作、是自尊心，是男人养家的荣誉感。

他们讨厌那些心安理得地享受着各种福利的非法移民，同时在现实生活中，还要跟那些只收现金、不交税、不买保险的"墨西哥移民"竞争，再加上不断增长的税收（各种税收）和保险的压力，年薪5万~6万美元已经是Working poor（"穷忙族"指那些薪水不多，整日奔波劳碌，却始终无法摆脱贫穷的人。）了。哪里有压迫，哪里就有反抗！

特朗普抓住"红脖子"阶层的需求痛点——工作，工作，还是工作！

他提出了反对全球主义、反对移民福利、美国人民优先、让制造业回归、减轻税负等改革措施，这一系列利好未来，像一剂良药，不仅为这些在尊严中煎熬的人们瞬间消除了痛感，而且还产生了飘飘然的精神幻觉，这些阶层的人们自然毫不犹豫地将票投给特朗普。

> 启示：营销的使命就是解除目标人群的痛点，激发他们对美好未来的向往。
> Why——你为谁而来？ What——你能帮助他解除什么痛点？

第二步，提出一个伟大的战略使命：让美国再次强大起来！

你会说，美国不是一直很强大吗？没错！无论是军事武器和宇宙空间技术，还是GDP（国内生产总值）和人均GDP，以及文化教育，美国都是全世界最强大的国家。

但是，从营销的角度看，**认知比事实更重要！**

特朗普本身是美国成功的精英阶层，但他坚守"用户思维"，站在"红脖子"阶层的角度看美国，用一系列的数字逻辑刷新了选民对美国的认知。

特朗普说："美国不再安全，新增非法移民数量不断增长，社会治安日益恶化，在奥巴马的家乡芝加哥，仅在今年（2016年），就有超过2000人遭到枪击。而自他（奥巴马）担任总统以来，这座城市更是有将近4000人死于非命。"

特朗普说："美国不再富有，自2000年起，美国家庭收入猛降了4000美元。我们制造业的贸易赤字更是达到了新高——每年大约有8000亿美元。"

……

当大多数选民沉浸在"美国不再强大"的焦虑状态时，特朗普以救世主的姿态提出了"让美国再次强大起来"的伟大战略使命！

纵观美国历届总统，还没有人敢扮演一个力挽狂澜的救世主角色，最多的表达是：让美国更强大！为什么特朗普敢？因为这是特朗普总结的成功商业法则之一。

特朗普在30年前曾经写过一本书《交易的规则》，也有人把它翻译成《交易的艺术》，英文的书名是《The Art of Doing Business》。这本书在美国还小有影响力，在中国很早就有了翻译本，但是很少有人看过，因为那时他并不出名。在这本书里，特朗普提出了商业的 11 个规则，其中第一个规则就是敢于想象，叫 Think Big。

要敢于想象，这有什么好处呢？特朗普认为至少能引起这个世界的关注，在他看来不敢想象的人，没有真正成功的欲望，甚至害怕成功，害怕大的目标带来的风险，不敢承担风险怎么能成功？

> 启示：什么是使命？就是你在这个世界存在的理由，如果一个企业家只是为了做点生意、挣点钱，没有人愿意跟着你干，如果你赋予自己一个大的使命，才会有大的格局，有了大的格局，才会顶天立地，融入越来越多的社会资源。

第三步，提出实现战略使命的核心路径：让实业回归美国！

怎么要求实业回归美国呢？就是税收两减一增。企业所得税由 35% 降为 15%，吸引新企业建立和资本投资产业；海外资金回归美国仅仅按照 10% 征税，吸纳资金回归美国；如果你是美国的企业，在外国建厂，产品返销到美国要收重税。三大税法逼得很多企业放弃在美国以外的建厂计划，通用、丰田、苹果等知名企业也陆续将工厂迁回美国。

> 启示：什么是战略？战略不是口号，不是价值观，是制定一个目标，并找到达成目标的路径。越是正确的战略，实现战略的方法越简单。

第四步，提出一个响亮的广告语：用美国货，雇美国人，美国优先！

这种话直截了当，直击美国中下阶层的心坎。

第五步，创造争议，引发传播！

特朗普《交易的规则》里的第七个规则就是：重视传播。特朗普认为最好的传播是：创造争议，制造争议。

比如说，他说他要在美国和墨西哥之间修建一堵墙，社会舆论哗然，引发媒体争相报道，其实这堵墙是隔而不绝。他要在两墙之间建一个自贸区，据说可以解决几十万人就业，而且这个墙的总投资就是 210 亿美元，不仅有体量，还有颜值，墙体和周围的风景融合，他还提出来这个墙最好是透明的，外面能看到里面，里面也可以看到外面，便于管理，他还建议这堵墙要留下足够大的门，智能大门……

在特朗普如此精心地规划下，这堵墙也许会演绎成世界闻名的旅游景点了。由此看来特朗普很具有软硬兼施的手腕。

启示：有知名度总比没知名度好，要有化危机为信赖的落地能力。

特朗普用五大营销策略颠覆了美国 200 多年来总统的从业标准，就连他那一头迎风飘扬的金发也成了世界政坛的一道亮丽的风景，那么在商业社会里还有什么不可以颠覆呢？营销的功能就是：切割市场，改变认知。

06

营销是普通人改变命运的战略性手段

你可以白手起家，但不能手无寸铁。营销就是你的工具，是你可能唯一的武器，是我们普通人突破竞争、改变命运的战略性知识。即使你现在什么都没有，至少你还可以卖梦想。

我前面讲过有两种人不需要学营销，一种是含着金钥匙出生的人，第二种就是天才，比如乔布斯。如果大家总体和我一样，是一个普通的人，就需要学习营销，营销可以改变我们的命运。

> ■ 这个世界上的人分两种：一种人负责制造故事，另一种人负责消化故事。
>
> ■ 前一种人非常善于讲故事，讲着讲着就成功了，后一种人非常投入地听故事，听着听着就消费了。

有一次我跟马云在一个会场开会，他在上面讲得斗志昂扬、手舞足蹈，他讲的什么内容我都记不住了，但有一点我记住了，就是他的颜值我实在不敢恭维。

在 BAT 领导人中，论长相和学历马云比不过李彦宏，他只是国内二线师范学院毕业；论技术马云比不过马化腾，他只是一个英语老师，那他为什么能成功，又为什么能够成为三大巨头之一呢？因为马云善于营销。

马云营销的第一技能：善于讲故事，善于贩卖梦想。

马云在自己的生意还举步维艰的时候，就讲了一个普惠天下人的故事：让天下没有难做的生意！这样一个普度众生的愿景，一下击中了数以千万的中小微企业的痛点。马云为了强化这种痛感，为他们设定了一个"凶手"。他说："你们为什么觉得生意难做？因为渠道商挣了差价，因为家乐福、沃尔玛、苏宁、国美，还有国内很多连锁终端都逼着你们交进店费、陈列费、推广费，他们在压榨你们的利润，所以你们觉得苦不堪言。"

如果了解实体运营的人都知道，经销商承担着仓储、配送、服务的职能，辛辛苦苦一年就挣 5% 左右的利润，家乐福的净利润也就 1%，其中 50% 来自现场加工产品，比如现场制作的面包、熟食等，因此，只存在分工合作，不存在剥削和压迫。

但是痛苦的人往往不愿意找自己的问题,而总是希望找到"元凶"，以解心头之恨。马云帮他们找到了"元凶"，还帮他们找到了新的出路，所以，这些在线下竞争中被边缘化的企业就会满怀感激之情、毫不犹豫地投向了阿里巴巴、淘宝、天猫。

为什么那些大企业没有第一波冲到线上呢？因为他们不相信"天下有容易做的生意"。十年过去了，商家换了一拨又一拨，大家发现线上的成本不比线下低，上了聚划算，上了钻展，上了直通车……为什么消费者还是不买单呢？

可怕的是线上比线下更加聚焦于头部产品，从 2015 年"双十一"开始，各个品类的销售冠军都是那些线下的"头牌"：海尔、阿迪达斯、全友家私、水晶家纺等。浪莎丝袜线下市场份额为 35% 左右，但线上份额超过 80%；公牛插座线下市场份额为 40% 左右，但线上市场份额超过 80%。

> 品牌是消费者心中的灯塔，不做第一就做唯一，否则你就会沉没于产品的汪洋大海之中，任何平台和商业模式都无法改变产品的命运。消费者可以很感性，为新产品、新平台欢呼雀跃，但是掏钱的时候立刻变得理性。

很多企业家朋友说："我们似乎没有什么竞争优势，怎么让客户相信我们？"我跟他们讲："如果你现在什么都没有，至少你还可以有梦想。"过去男方到女方家相亲，老丈人会怎么问女婿？首先问："小伙子你是干什么的？"他关注你的现在，其次问："小伙子你未来有什么打算？"他关注你的人生梦想。

一个现在什么都没有的人，只要他还有梦想，人们就会对他有所期待，就会给他机会、给他支持。他的梦想越大，人们越相信他，越愿意跟着他干。自古以来，很多有成就的人都会讲故事，会贩卖梦想，从朱元璋、李自成……到今天的马云。当然我们的梦想一定要建立在向社会输出正能量的前提下，建立在脚踏实地实现梦想的基础上。在互联网时代，可能有人比马云还会讲故事，但是没有马云那种"今天很残酷，明天更残酷"的拼搏精神，所以也不可能成功。

做企业、做人，要学会讲故事，也要学会听故事，理性地听故事，不要盲目跟风，不要有侥幸心态，打铁还需自身硬。

马云营销的第二个技能：站在对方的角度谈成功。

我们经常看到这样一些广告：某某公司在美国成功上市！看到的人会说，你成功上市跟我有什么关系？这就是没有站在对方的角度贩卖梦想，事倍功半，甚至可能引起反面情绪，就像有些企业家会在公开场合说："先定一个能达到的小目标，比方说先挣 1 个亿。"

马云的成功就是：站在对方的角度谈对方的梦想。"让天下没有难做的生意"是马云自己的梦想，也是所有生意人的梦想。

假设你是一个卖止痛药的企业，你可能会想到下面两种方法来表达你的战略梦想：

- 我们将成为全世界止痛药第一品牌。
- 我们将为全世界的人解除疼痛。

第一种只是站在自己的角度，告诉别人你将来是一个世界级的大企业，但是会让人感觉不舒服，为什么？你的成功是建立在人类痛苦的基础上。第二种表达会让人觉得舒服很多，因为你在帮助人们解除痛苦。但这两种都不是最好的表达方法，最好的表达是中美史克"芬必得"（止痛药品牌）曾经的回答：

■ 无痛世界，芬必得。

听了这7个字，是不是很感动？因为他站在用户的角度谈梦想，这些饱受疼痛煎熬的人们最大的梦想就是远离疼痛，不再疼痛，无痛世界是他们的梦想世界，当然无痛世界也是芬必得的梦想——创造越来越有效的止痛药，越来越安全的止痛药，越来越持久的止痛药。芬必得不是把人类的疼痛作为生意，而是把消灭疼痛作为企业的使命。可惜的是芬必得没有坚持。

什么是成功的企业营销？什么是成功的品牌营销？就是承担一种"使者"的角色，帮助人们解除痛苦，站在对方的立场谈对方的梦想。

马云营销的第三个技能：营销语言非常大众化。

营销就是沟通，要讲对方容易听明白的话，比如"为人民服务"，比如我们为公牛插座做的广告语"保护电器保护人"等。马云对外传播的语言都是非常大众化的，比如他告诉淘宝客户做"小而美"，大家想想，女人偏爱高富帅，男人偏爱白富美，哪个成功的企业是"小而美"啊？但是马云这么说，至少让小企业主听得舒服、听得美。

所以，在BAT三大巨头里，马云不是最懂技术的，也不是起点最高的，但他是最会营销的，对内对外、对上对下、圈内圈外，他总是能成为一个跳动的符号，即使在古怪的特朗普面前，也可以看到他灵活的身影。

或许你现在还是一个在生存线上挣扎的企业主，或许你现在还是一个挤着地铁上班的普通白领，或许你现在还是一个刚走出校园的毕业生，都没有关系，但是你一定要学点营销知识，因为营销真的可以改变你的命运。

> 你可以白手起家，但不能手无寸铁。营销就是你的工具、你的武器，是我们每一个普通孩子突破社会竞争、改变命运的战略性知识。

07

坚信生命为营销而来

营销不是硬碰硬的客观较量，营销是改变世界的主观力量，如果你相信营销，你就会相信：没有哪个企业强大到不能被挑战，也没有哪个企业弱小到不能去竞争。我为营销而来！

很多人问我："路老师，到底什么样的营销人才是好的营销人才？应该用什么样的标准判断？"我认为的标准就是三个字：**有信仰！相信营销可以改变世界！**

就像我，从学校毕业后就做营销，从销售代表做起，后来做到伊利、远大的副总裁，在这些企业处于困境的时候，把市场一点点坚持着做起来。因为我相信营销可以改变格局。后来我把20多年的实战经验不断总结和完善，构建了自己的营销理论体系《切割营销》《品牌两级法则》《章鱼商业模式》等。我把这些理论和方法不断传授给中国的企业家，每年我都要讲100场课，每年到现场听我讲课的企业家超过10000名，我相信这些源于实战的营销理论和方法，能够改变他们企业的格局。

我在营销这行当一干就是二十六七年，从一头乌发干到两鬓斑白，我的爱人经常跟我说："别干了，好好休息休息吧！"我就跟她讲："如果我不干，可能会死得很快，我会不知道活着为了什么？"

我觉得我真的是为营销而生的，这就是营销人的信仰。有些人相信宗教能改变世界，有些人相信战争能改变世界，有人相信科技能改变世界，有人相信文化能改变世界，那我呢，我发自内心地相信：营销能改变世界。

我前几天看了一部电视剧《深海利剑》，一个新兵问一个要退伍的老兵："你要离开军舰了，你会不会留恋？"老兵说："我18岁入伍，干了18年，今年我三十六岁了，我对这个潜艇上的每一根螺丝、每一根电线、每一个元器件都是有感觉的。为什么你这个新兵照着书本检查半天都发现不了问题，我站在这儿5分钟，就能知道问题出在哪里呢？因为这个潜艇是有生命的，我的生命和它的生命是互相感应的。你说我走了能不留恋吗？"

老兵的一席话让我想起在伊利工作时的感受。我曾经在伊利做营销副总，伊利当时的核心产业冰品的销量连续三年下滑，累计下滑了30%，我在伊利做了一年，就把冰品的业绩做到超过历史最高水平20%。

当时伊利有一个非常优秀的主管生产的副总，他总是三更半夜待在机器旁边不走，我就问他："你怎么还不走啊？"他说："老路，我站在机器旁边，就能感觉到机器是有生命的，就可以感受到它哪有问题？如果弄不好它，它痛苦，我也会痛苦，但是如果把它弄舒服了，它开心，我也会很开心。"

听他这么说，我非常有同感。市场同样是有生命的，我看每一个产品都像在看一个孩子，面对琳琅满目的产品，哪个能成为明星？哪个只能成为陪衬？哪个只能昙花一现？我看一眼就能感觉出来。为什么可以做到？因为我不是朝九晚五地把营销当工作干，而是习惯了时时刻刻用营销的思维解读周围的事、解读人生的事、解读政治上的事……我跟营销已经融为一体了。

我相信营销可以改变世界，在我看来，营销像一个围棋手，可以把同质化的黑白两色棋变化出不同的格局，打出输赢；营销也像一个象棋手，即使以弱击强，也可以胜券在握。营销就像一个支点，可以改变强弱之间力量的对比，让强者不那么强，让弱者不那么弱。

　　营销不是硬碰硬的客观较量，营销是改变世界的主观力量，如果你相信营销，你就会相信：

> 没有哪个企业强大到不能被挑战，也没有哪个企业弱小到不能去竞争。

第二章

战略大智慧

战略是一把刀，
你握住了刀背还是刀刃

01

不要用战术上的勤奋
掩盖战略上的失误

中国的鲁班是中国木匠的鼻祖。后来中国出现了一代又一代的木匠，也非常勤奋，却没有出现第二个鲁班。有一个木匠，用20年缔造了一个商业王国——红星美凯龙。不谋全局者，不足谋一域！做好战略顶层设计，千万不要奢望用战术上的勤奋掩盖战略上的失误。

西游记后传中有个故事，说有两匹马同时出生，老大被一个农夫牵到家里拉磨，磨面粉磨了十年，老二被一个和尚牵走了，骑着它去西天取经。

过了十年，这两匹马又见面了。

老大就非常不服气地跟老二说："我并没有比你少走一步路，可是今天只要我停下来，主人就不给我饭吃，而你从印度回来，就被授予了劳动模范的光荣称号，在洛阳还奖励了你一座大豪宅——白马寺，那么多人天天给你烧香磕头，供着你，你后半生衣食无忧，你凭什么呀？在我看来，你完全是利用'公款''旅游'了一把，听说还在路上搞了一些'桃色绯闻'。我觉得这世界对我太不公平了。"

老二听完笑了笑说："你说的都对，但是我跟你唯一的不同就是，我沿着一个方向，跟着师傅不停地走，不停地走，走到了印度的纳兰托，直到帮助师傅把经书取回来，而你是围绕着一个点打转转，即使你走了十年，行走的距离还是0啊！"

人这一生一定要有一个方向，要有一个战略目标，否则就会像故事里的马老大一样，围着原点打转转，耗费掉自己的一生。

那你可能还会问：一个战略目标对人生有什么影响呢？

如果我说："小伙子，你就应该从北京到广州去，广州适合你发展。"你就算一分钱没有，你照样可以通过打工，哪怕乞讨，从北京到达广州，到达你的目的地。但最可怕的是：你在北京待了半年，被媳妇一说，上沈阳去了，在沈阳干了两年，被哥们儿一忽悠，上武汉去了，在武汉待了两三年，又到上海去了，在上海待了三年，又烦了，又回北京了！你看，你在打转转，而没有进步。

我们都知道中国有一个鲁班，代表着中国的匠心精神，是中国木匠的鼻祖。这么多年受鲁班精神的熏陶，中国出现了一代又一代的木匠，他们也非常勤奋，但是从鲁班之后，再没有一个木匠被人熟知。我们只在乎家具的精美，从来不会在乎这家具是出自哪个木匠之手。

但是有一个木匠，因为他有自己的战略规划，用20年时间缔造了自己的商业王国，成功地从木匠转型成为中国知名家居卖场——红星美凯龙的掌舵人，这个人就是车建新。

几年前车总突然跑到北京来找我，拿着我写的一本书，跟我说："路老师，我看你的书很激动，你是一个有能力的人，我们一起合作吧，为红星美凯龙做一个战略规划，提升它的品牌形象。"

我笑一笑说："你干吗非要找我呢？"他说："路老师，因为你姓路，我姓车啊。有车必须有路啊，有个名字中有'水'的人要跟我合作，我都没跟他合作，我觉得车遇到水不好。"车总是一个非常幽默的人，跟他聊天很轻松。

车总来自中国的木匠之乡——江苏常州。16 岁开始学木工，20 岁出师。刚开始去别人家打工做家具，在常州、镇江、西安都做过木工活。做了几年，就跟人借了 600 元钱，自己开了一个小作坊，前店后厂，一边接订单做家具，一边卖家具。从一个行商变成了坐商，这是他的战略升级的第一步。

他跟我说："路老师，我要把家具做好，我不能骗人，这家具一用就是十年二十年，中国还有很多穷困的人，买一套家具不容易。"因为他是个厚道本分的人，做的家具质量很好。慢慢的，整个常州都知道了他的小作坊。

一传十，十传百，口碑是最大的品牌效应，去他的小作坊买家具的人也越来越多。于是车总把小作坊换成了小门市，做成了一个家具门市部，把多余的空位租给别的木匠做家具，在门市部卖别人的家具。他没有排斥别的竞争对手，而是跟竞争对手合作。后来他发现收的租金要比自己做家具挣得还多，于是就干脆把场地全部租给别人，自己收租金了。这就是红星美凯龙的雏形，也是车建新从木匠转型的战略升级的第二步。

不到两年的时间，他用这样的方式慢慢地从一家店发展成了连锁店，吸引家具厂商入驻，只卖别人的家具，自己做经营管理，再也不自己生产家具了。这是车建新的战略升级的第三步。

20 世纪 90 年代，随着中国城市化进程的加快，市场上涌现出了很多家居卖场，比如居然之家、月星家居、宜家、集美等，面对越来越激烈的竞争环境，能不能进一步战略升级，要看企业家的战略眼光了。车总做出了更大胆的第四步战略升级——买地建卖场。

有一次聊天时，我给他讲了一个概念："中国经济本质上就是土地经济，只要把土地拿到手，你就能立于不败之地。"

中国经济跟西方国家的经济不一样，比如荷兰、英国、法国等国家，本质上是海洋经济，他们讲商业；中国是内陆经济，讲土地，所以，土地在中国不会贬值，至少在短期内不会贬值。红星美凯龙拿到了土地，再把土地抵押给银行，再拿这些资金去运作市场，用市场运作回来的钱再去拿地，这样资产就越做越大了。

当时做家居卖场的企业都是租地经营，讲究的是轻资产，他们没有认识到土地对中国整个社会经济的意义和价值，车总意识到土地的重要作用后，就在北京、上海等一线城市买地，专买新城区规划的"四个边上"，像北京的四环和五环，他都买了地建自己的卖场。当北京开亚运会的时候，四环的新城区都建设好了，红星美凯龙的卖场一夜之间站立起来，当北京举办奥运会的时候，五环边上的红星美凯龙也开始正常运营了。

今天红星美凯龙的卖场是 0 租金经营，而其他的竞争品牌都是租地经营，现在受房地产影响，租金飙升，在获得同样的销售规模的情况下，红星美凯龙的利润要比对手高得多。如果红星美凯龙都存活不下去，我可以断定没有一个家居卖场能够站起来。红星美凯龙地产的增值收益和租金收益远远大于卖场销售的利润。这得益于车总早期的战略设计。

红星美凯龙的老竞争对手月星家居只做到上海第一品牌，而红星美凯龙已经成为中国家居卖场的标杆企业了，在全国发展了 200 家卖场。

红星美凯龙的卖场都是现代化商场的风格，如果有一天不再搞城市化建设了，不再需要这么多的家居卖场了，车总可以把大卖场改成大商场。所以红星美凯龙有可能成就比万达规模更大的城市商业连锁综合体，这一点可能其他的竞争对手都不容易做到。

车总就是靠自己的战略选择，从一个木匠起步，直到把红星美凯龙做成中国家居行业的知名品牌的，自己也成为手握 1000 亿元的大企业家。如果他没有远见卓识的战略规划，只依靠战术上的勤奋，那么无论把木工活做得再好，也最多是一个让人尊敬的木匠。

由此可见，战略是多么的重要，没有战略规划，你就不可能有做事的正确方法。如果没有战略顶层设计，再怎么努力也是徒劳！

- 俗话说：不谋万世者不足谋一时，不谋全局者不足谋一域！
- 我们一定要做好自己的战略顶层设计，千万不要奢望用战术上的勤奋掩盖战略上的失误。

02

许多企业的营销：爬到了梯子顶端，才发现梯子靠错了墙

战术上的勤奋，无法掩盖战略上的失误。首先，要把梯子立对位置，立足行业本质和需求痛点，找到战略定位的支点。其次，还要把梯子靠对墙，看清社会变化带来的商业模式的改变，找到正确的战略路径，才能获取战略成果。

2016 年，最火的话题是"小黄车"火了，为什么？物联网技术发展了，自行车可以变买为租了。而给小黄车代工的是有 120 多年历史的上海凤凰自行车有限公司。提起"老凤凰"，60 后的人都有记忆，谁家有凤凰自行车，就像现在谁家开宝马一样威风，可惜"老凤凰"只顾兢兢业业地生产自行车，却错过了电动自行车的发展，让一些不知名的小企业变成了大牌；现在又错过了自行车租赁的发展时机，沦为了幕后代工厂。

像"老凤凰"这样只顾埋头干活、忘了抬头看路的企业在中国不在少数，怎么才能杜绝"爬到梯子的顶端，才发现梯子靠错了墙呢？"很简单！

第一，把梯子立对位置，立足行业的本质和需求的痛点。

第二，把梯子靠对墙，看清社会变化带来的商业模式的改变。

鸡蛋是中国最重要的营养食材，中国鸡蛋市场全球第一，可统计的是 3000 亿元的市场需求量，不可统计的有近 10000 亿元。北京德青源农业科技股份有限公司（以下简称：德青源）是目前中国最大的销售鸡蛋的企业，做了近 20 年，一些行业数据显示，德青源 2016 年销售额不超过 6 亿元，也就是说市场份额不足 0.2%。为什么鸡蛋企业没有产生出大品牌？

德青源创始人钟凯民做导弹出身，后来改做鸡蛋了。原因很简单，就是想吃一枚真真正正粮食饲养出来的好鸡蛋。大概是 2009 年，我应钟总邀请到德青源交流，到了德青源，真是让我震撼！

闻不到鸡圈的味道，鸡都是按照国际福利标准住"大房子"，吃的全是绿色粮食，鸡下的蛋直接进入地下管道，被运输到接收车间，每个鸡蛋包装前还要被消毒……

钟总说德青源的鸡蛋成本是一颗 6 毛钱，出厂 9 毛钱，零售价 1 块 5，可是普通鸡蛋零售价平均不超过 6 毛钱，所以近 20 年来，德青源一直没有做大。

如何让消费者辨别德青源的鸡蛋和普通鸡蛋有什么不同？

钟总很可爱，在一张雪白的 A4 纸上，把一颗德青源鸡蛋磕破皮，打在上面，他指给我们看，德青源鸡蛋不仅蛋黄很鲜艳、饱满，而且外面的蛋清分两圈。紧接着他又拿来一个牙签，说把牙签插在德青源鸡蛋的蛋黄上，可以立住不倒，一边做一边冲着我们说："你看！你看！"

我们希望看到奇迹，牙签确实站住了一下，但不知道过了几秒，还是倒了，面对这个认真的科学家，我们由衷的佩服。

接着这位科学家老总还说："走！咱们去看包装车间，回来后，你再看这张白纸，不会被鸡蛋阴湿，其他鸡蛋会把纸弄湿。"

德青源想生产真正放心的鸡蛋没有错，但是这个行业的痛点就是：鸡蛋安全不安全？没有办法鉴别。它不像牛奶，优质的牛奶脂肪含量高，会比一般牛奶香。所以德青源始终被大大小小的鸡蛋农场包围，你可以做优，但不可以做大，做不大，就意味着很难盈利。

那德青源应该如何定位战略方向呢？

美国鸡蛋的深加工产品占整个鸡蛋产业的33%，而中国深加工产品不到鸡蛋产业的3%，我们知道的可能就是"乡巴佬"鸡蛋了，但还不够高级。

我在德青源参观的时候，发现德青源有一个很有趣的中间产品。

因为鸡蛋在管道滚动过程中难免磕碰，所以鸡蛋出管道时需要检测是否磕坏有缝，如果完好无损，就进入包装车间，如果有裂缝，就进入另外一个通道，有一个机器人手打鸡蛋，然后将蛋清和蛋黄分离，进行色谱分析，如果蛋清和蛋黄分离彻底，就分别进入蛋黄收集罐和蛋清收集罐，如果蛋黄和蛋清混了，就立刻合二为一，进入全蛋液收集罐。

这样收集的蛋清液、蛋黄液、全蛋液搅拌均匀后，经过和牛奶一样的巴氏杀菌，分装到袋子里，卖给食品加工企业，比如蛋糕房、冰淇淋企业。又是机器人又是色谱分析，最后还是当食材卖掉了！

你听到什么商机了吗？

我们小孩子吃的第一顿饭是什么？蛋黄 + 水研成稀糊状食物。

我们小孩子吃的第二顿饭是什么？鸡蛋羹。

没胃口、消化不好的时候吃什么？鸡蛋羹。

经常在餐桌上会点的一道菜是什么？蟹黄鸡蛋羹、牡蛎鸡蛋羹……

健身的人每天吃得最多的是什么？鸡蛋清。

这些食物大家为什么又不常做呢？因为想把鸡蛋羹蒸好很难，也很耗时。

为什么不把巴氏杀菌后的蛋清、蛋黄、全蛋液装在像酸奶那样的包装里，通过微波炉随时加热吃呢？就像吉野家的鸡蛋羹，一碗鸡蛋羹最多用掉1个鸡蛋，却卖到4.5元，不是比卖"鸡蛋食材"更挣钱吗？

如果家家都像买酸奶那样一打一打地买这种随热随吃的鸡蛋羹，早餐、正餐、加餐都可以吃，这个市场有多大？你很难想象？但是面对传统鸡蛋市场和鸡蛋羹等深加工产品市场，德青源依然坚持选择了前者。

> 实践证明：战术上的勤奋，无法掩盖战略上的失误，要想让梯子别靠错墙，首先要把梯子立对位置，立足行业本质和需求痛点，找到战略定位的支点，但这只完成了一半，还要把梯子靠对墙，看清社会变化带来的商业模式的改变，找到正确的战略路径，才能获取战略成果。

在互联网时代，很多行业的商业模式都在发生变化，有哪些变化呢？

1. 互联网时代"租业"大发展

脑子里不能只有"卖"的思维，还要有"租"的思维。提起"租"，三一重工股份有限公司（以下简称：三一重工，是全球装备制造业的领先企业）是最早意识到的企业，它把设备从简单的销售转向了租赁，解决了很多中小施工企业资金缺乏的痛点，"以租代卖"的商业模式，让三一重工迅速占领了施工设备的市场份额。

我们服务的一家企业——山东力扬塑业有限公司（主要生产仓储物流的塑料托盘）也采取"租售并行"的模式，不仅迅速提升了市场份额，而且租赁托盘的盈利超过了销售托盘的盈利。

2. 互联网时代，经销商变成销售商，企业不必再养大团队了。

过去，传统企业要想建设终端网络，就必须先建设销售团队，企业越大，团队越大，很多大企业往往拥有几千人的营销团队，这些专业化的团队曾经是企业的竞争力，随着人力成本的增加，未来可能变为企业的重资产。

另外，经销商的品牌理念、管理理念、专业技能不断提高，越来越多的经销商已经发展成为几千万元甚至几亿元规模的正规化公司，他们已不再局限于传统的仓储、物流、分销、客情等基础职能，而且逐步取代了企业的营销团队，承担了市场推广和管理职能，从经销商发展成了销售商。

同时，一些在企业中成长起来的营销能手，也不再满足做企业的封疆大吏了，他们开始创业，以城市为单元做某个品类的销售服务代理商。

像传统大企业那样，建立成千上万的团队去开疆拓土的时代结束了，从企商交易到企商合作是未来的趋势，企业负责生产好产品、传播好品牌，销售商负责运营好市场。

这种销售代理曾经是酒店业的专属，酒店的所有者与经营者分离，经营者获取营收的 10%~15%，或者双方就经营利润进行分成，现在销售代理已经逐渐从酒店业发展到餐饮业，从化妆品业发展到服饰业，从高利润产品行业发展到低利润行业。

一个企业建设一个大团队的成本会越来越高，一个没有规模的企业是很难养活一个优质的团队的。现在商场里很多大牌女装都是一个团队在管理，这样人力共享了、资源共享了、经验共享了、成本降低了，运营水平自然上升了。

在互联网时代，使用权比所有权更重要。

3. 互联网时代，都说要O2O，到底怎样O2O呢?

互联网时代，无论是线上平台还是微商圈子，都解决了"在哪卖？"的问题，线下已经不需要几万个、几十万个、甚至几百万个终端了，终端的核心功能就是体验、沟通、推广和服务，所以终端的数量可能会缩小 10 倍、100 倍。

但不仅仅是缩小，经营会发生本质的变化。

前两天我跟"I am not"时尚包包创始人 Maggie 在北京聊天，谈到O2O，我说："未来线下的实体店代理商一定不是通过招商会找来的，只要有钱都可以成为实体店代理商。"

未来线下店的店主一定是从你现有的微商中精选出来的，她们本来就是个包包发烧友，也是你品牌理念的认同者，她们也已经通过微商模式的销售实现了盈利，在线下开个店，其实更像一个以她为中心的迷你沙龙，在这里"I am not"品牌的认同者、消费者、经营者、传播者四者合一。

当然，互联网时代还有很多其他的变化，为了避免"爬到了梯子顶端，才发现梯子靠错了墙"，企业一定要努力研究行业本质和需求痛点，做对事，同时要看清商业模式的变化，找到做对事的方式。

03
战略的宗旨：
不做第一就做唯一

为什么要做第一？第一最容易被记住；第一的收益最大化。同样的产品，60%的用户更愿意选择第一品牌，并且愿意为第一品牌多付钱；第一的成本最低，供应商愿意给第一品牌更低的价格和更长的账期。第一和唯一是我们长期生存的需要。

　　一年前，有一个做食用油的企业跑来找我做咨询，他说："路老师，我们是河南的一家做食用油的企业，我们做了十多年了，做不大。"

　　我说："你们做哪一个品类的油啊？"他说："我们先做调和油，做了几年，才做了大概一亿元，后来改做花生油，还是没做大，鲁花太厉害。"

　　我说："你首先是战略定位错误！如果你们做一瓶调和油，你很难超过金龙鱼，如果你们做一瓶花生油，你也很难超过鲁花。"他说："路老师，我们可以采取跟随策略啊！"

　　我说："油脂行业是品类之争，每个品类有第一，没有第二！你必须切割一个品类，如果你想做一瓶山茶油，或者做一瓶菜籽油，我可以来指导你。这两个品类还没有第一品牌。"

为什么一定要做第一呢？如果做不了第一，会是什么结果？

如果我问你："世界上最高的山峰是哪一座？"你会脱口而出："珠穆朗玛峰！"如果我问你："世界上第二高的山峰是哪一座？"只有极少数的人可以说出它的名字："乔戈里峰。"

第一和第二相差的不仅仅是记忆度，相差更大的是价值！

为什么要做第一？第一最容易被记住，如果你非要做第二、第三，那么你需要花更多的广告费才能被人记住；第一的收益最大化，同样的产品，60%的用户更愿意选择第一品牌，并且愿意为第一品牌多付一些钱；第一的成本最低，同样的原材料采购，供应商愿意给予第一品牌更低的价格和更长的账期。

> **战略的宗旨就是，要么第一，要么唯一。**
> **第一和唯一是我们长期生存的需要。**

下面我给大家分享一个著名白酒品牌的故事。

这个白酒起源于我的故乡的企业——江苏宿迁的江苏洋河酒厂股份有限公司（以下简称：洋河酒业），尽管小时候家里很穷，我也能偶尔喝一两口老洋河酒。提起洋河，大家就会想到蓝色经典这个品牌（洋河酒业于2003年8月推出的高端品牌），蓝色经典刷新了中国传统白酒亘古未变的评价标准，用十年的时间再次崛起，从一个面临亏损的、没落的老酒厂，再次强大，成为中国白酒销量领先的白酒企业。

在竞争激烈、品牌如云的白酒市场，敢于颠覆规则，重新定义白酒标准，需要操盘手具有超强的胆量和智慧，洋河酒业的董事长张雨柏就是这样一位企业家，他带领洋河酒业成就了中国白酒的蓝色传奇。

洋河酒业曾经是一个没落的中国老八大名酒之一，2002年之前，销售额也就3000多万元，营收规模不及一个地方二线品牌。洋河如何重新塑造价值、切割市场、争夺第一？

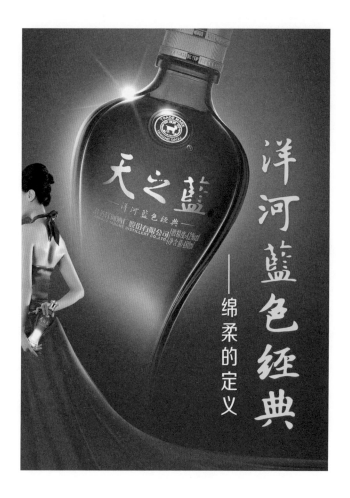

卖高度和酱香，卖不过茅台，国酒茅台，酱香典范。

卖历史和清香，卖不过汾酒，白酒之源，清香之祖。

卖实力和浓香，卖不过五粮液，泱泱大国，唯我五粮。

按照香型切割市场，洋河品牌作为一个浓香型白酒的江淮系，无法切割出一个第一或者唯一，洋河酒业经过大量的市场调研，发现消费者喝白酒的痛点是：辛辣和上头。

那么什么样的白酒是好酒呢？消费者是这样回答的："入口绵，下喉柔，不上头，不易醉，喝后舒服……"

因此，洋河酒业打破了几百年来白酒按照香型划分的传统，第一次用白酒的口感切割市场，将市场切割为两半，将传统白酒统统归纳为辛辣型白酒，将自己定义为绵柔型白酒，又给自己一个称号：**中国绵柔白酒领袖品牌**。

> **成功的人都是善于分类、敢于定义的人。如果你总是活在别人制定的游戏规则里，即使你拼尽所有的力气，你也不可能成为王者。**

当然，打出绵柔这张牌，并不仅仅是创意一个口号，还必须在产品上真正实现绵柔的价值，如何实现？洋河酒业在秉承千年白酒酿造工艺的基础上，运用分子生物发酵技艺，将生命之水化辛辣为绵柔。

洋河品牌，先是切割了一个唯一，用"绵柔"这个唯一的概念立足，然后经过持续的推广，把曾经的唯一塑造成了今天的第一。

不做第一，就做唯一。今天的唯一，可能就是明天的第一。永远不要试图做第二、第三。

04

战略是一把刀，
你握住了刀背还是刀刃？

如果你握住刀背，最坏的结果也会保护你；如果你握住刀刃，最好的结果也会伤害你。战术决定好坏，战略决定成败。正确的战略可以让一个小企业快速壮大，也可以将一个"巨无霸"赶下神坛，在战略面前，没有哪个企业强大到不能被挑战，也没有哪个企业弱小到不能去竞争。

> 我们经常讲：战略是一把刀，如果你握住刀背，最坏的结果也会保护你；如果你握住刀刃，最好的结果也会伤害你。

提起战略，很多人都有一个误区，觉得只有那些伟大的人、那些处在权力顶峰的人才有资格谈战略，只有那些几十亿元以上规模的企业才有资格谈战略，似乎觉得战略是成功之后的奢侈品，其实恰恰相反，战略是一个国家、一个企业、一个人摆脱困境、走向成功的起点。

什么是战略？　**战略**

大家再看"战"字，左边是占领的占，那怎么占领呢？右边告诉你方法，就是金戈铁马的戈，就是一把刀，意思是你不仅要切割市场，而且市场和战场一样，是要一刀一枪打下来的，不是你说，不是你想，而是你干。

大家看"略"字，左边是一个"田"，就是把一块地分成四块，右边一个"各"，就是问你要占领哪一块儿？然后再逐步地各个击破，从一个第一走向另一个第一，最后取得全局的第一。

这两年口水仗打得很猛的就是格力集团的领军人物董明珠，格力毫无疑问是中国空调业的知名品牌，企业有品牌、有实力、有干劲，董明珠曾经预言"格力要做手机，分分钟灭掉小米！"并且亲自担当手机的代言人，但是从2015年第一代格力手机上市，到2017年第三代"色戒"面试，毫无疑问，董明珠的豪言壮语没有变成现实，而变成了网络"戏说"。

为什么？格力手机没有制定战略。苹果凭借IOS系统的唯一性，切割了高端商务和青年精英阶层；华为以"中国第一"的高度，切割了庞大的公务员阶层；小米以"高性价比+社群营销"切割了新一代的普通白领阶层……格力手机只卖了"格力"两个字，没有切割市场，没有找到属于自己的第一和唯一，大品牌、大企业、大实力，却没有对任何对手产生威慑力，反而挫伤了格力的品牌神话。

战略抉择决定生死，正确的战略可以让一个小企业快速壮大，也可以让一个大企业走下神坛，在战略面前：

没有哪个企业强大到不可能被挑战，也没有哪个企业弱小到不能去竞争。

大家可能都知道：苹果是智能手机的代名词，但是大家不知道：2000年诺基亚就设计出了一款只有一个按键的智能手机。2006年诺基亚的CEO康培凯就意识到互联网和手机的融合是未来的趋势，但是当时苹果手机还没有诞生（苹果公司推出的第一代智能手机是2007年1月9日正式发布的）。

很多人会说，即使诺基亚生产出智能手机，会不会也"可以砸核桃"呢？能达到苹果手机今天的人性化吗？事实上，诺基亚的人性化设计一点不差，而且具有众多的专利，连苹果公司都要向他支付 6 亿美元的专利使用费。

2006 年诺基亚面对一个艰难的战略抉择：要么继续坚持传统通信手机，改写诺基亚、摩托罗拉、爱立信三分天下的格局，创造属于诺基亚的手机帝国；要么开辟和引领全球智能手机新市场。

凭借诺基亚的品牌威信和遍布全球的终端分销网络，也许智能手机的市场份额会甩苹果几条街。也许是出于对既得利益的眷恋，也许认为智能手机的战略机遇还不成熟，诺基亚选择了：

继续深挖传统通讯手机的存量市场，推迟智能手机上市的时间。

当苹果手机出来的时候，诺基亚曾经轻视它、忽略它，觉得这个通信功能差、待机时间短的破板子肯定活不长久，但是，这次诺基亚错了。

苹果的出现、安卓的普及、不计其数的软件应用迅速捕获了消费者的心。消费者毫不留情地抛弃了那个"能砸核桃"的硬家伙，转身投入了智能手机的怀抱。2010 年，伴随着苹果"再一次，改变一切"的口号，世界真的改变了，这个 15 年全球手机销量第一的巨人开始倒下，而当时苹果仅仅上市 3 年。

诺基亚错误的战略抉择帮助苹果打了一场无人防守的进攻战。如果当年诺基亚选择了做智能手机，也许今天智能手机的第一品牌就是诺基亚，最坏的结果也就是，苹果第一，诺基亚第二。战略是一把刀，你握住了刀背还是刀刃？如果你握住了刀背，最坏的结果也会保护你。可惜诺基亚握住了刀刃。

诺基亚的失败告诉我们，任何战略的抉择都是艰难的，但无论何时都不要忽视行业的未来，即使看到一个小小的火苗，也要好好把握，记住星星之火可以燎原。

顺大势、做大事，这是战略抉择的出发点。

同样是大企业，同仁堂为什么能越做越好呢？

同仁堂300多年一直坚持一个信念，"炮制虽繁必不敢省人工，品味虽贵必不敢减物力"，这句话今天听起来依然让人感动。但是，仅仅依靠这块金字招牌就能走到今天吗？在中国企业史上，有多少像同仁堂这样有金字招牌的企业，到了今天都已消失在人们的视线中？

明末清初，当西药进入中国市场时，传承几千年的中药受到西药的强烈冲击，大量做中药的中小企业受到了打压，走向了衰败。大家想，当中小企业退出的时候，对中国市场是好事还是坏事呢？大家都说"狼来了"是坏事，但我觉得是好事。中药市场可以得到净化，可以为那些品质至上、疗效确切、有深厚经营理念的中药企业发展扫清障碍。

这时候，摆在同仁堂面前的有两大战略选择：第一，依托300多年的金字招牌，继续高举中药治病的民族大旗，与西药形成切割，做好中药治病市场的第一品牌；第二，像扇子一样把产业领域打开，依托中药治病，向中药保健、中药滋补等大健康产业方向转移。

对于中国很多老字号企业来说，往往会固守第一条，坚持原来的老字号打法，但是同仁堂恰恰选择了另外一种战略。没有居功自傲、没有倚老卖老，最终冲破了传统模式的束缚，顺应了医药领域新的发展趋势，确立了"以现代中药为核心，发展生命健康产业"的战略，而不再仅仅局限于中药治病。

这次战略转型让同仁堂摆脱了医疗渠道限制，从中药店、医院走进了更广阔的商超渠道、互联网渠道、滋补品渠道，顺应行业趋势，拥抱大健康市场，再次升级为一个百亿级的企业，市值达到了400万~600亿元。

> 无论你过去的模式有多成功，无论你过去的招牌有多厉害，都不能以过去决定战略，否则只能让金字招牌成为前进的枷锁，同仁堂给我们的是正面的战略选择的案例。

但是，前进半步是先驱，前进一步是先烈，战略还要考虑企业的承载力。

中国有很多企业家，当在某一领域取得成功后，就容易出现"战略妄想症"，往往认为自己的企业什么都能干，忽视了企业的承载力。

比如有一个企业家，做地产很成功，后来什么都干，他有个大的战略梦想，开启多元化政策，进入食用油行业，砸下了上亿元的广告，说要把一瓶油卖出100亿元，他没想过：为什么鲁花做了30年才做到100亿元的规模？仅仅是因为差钱吗？

这家企业又进入饮用水行业，又砸下了1亿元的广告费，要跟娃哈哈、可口可乐竞争；而后又进入乳制品行业，再次砸下了一亿元广告费，说要跟伊利、蒙牛竞争……

从地产行业到快消品行业，企业有的只是钱，但没有快消品的思维模式，缺乏快消品的品牌优势和渠道优势，最终铩羽而归。

战略是一把刀，要握住刀背的话，就要杜绝两大误区。

第一个误区：忽略未来的发展，不用未来决策现在，而是用现在决策未来，甚至用过去决策未来。

第二个误区：忽略企业的承载力，认为财力就是一切。

　　　　战略上的误区往往导致全盘皆输，战略决定成败，战术决定好坏。

05

营销的使命
是解除用户的痛点

世界上信仰人数最多的宗教是基督教！几十亿人！为什么？基督教找到了人生的一个死结——原罪。如何摆脱？信奉承担世人罪孽的耶稣基督，从罪中被拯救出来，死后灵魂就可以升入天堂。营销就是发现用户的痛点，用产品或服务解决痛点，产品就有了刚性需求，否则产品再好，也只是叫好不叫座。

> 许多客户经常会说：我的产品特别好！能满足消费者什么样的需求，可是为什么到市场上没反应呢？

什么是需求？就是有支付能力的需要。相对于需要，人的支付能力总是有限的，即使是李嘉诚这样的商业巨子，相对于他的商业帝国的发展梦想，他的资金也永远是不够的。

所以，支付能力永远小于人们的需要。

那么，用户首先会将有限的、相对短缺的资金满足什么样的需求呢？就是能让他摆脱痛苦的需求，也就是用户的痛点。需要可以让人感动，只有痛点才能迫使人行动。如果我们的产品或服务能解除用户的痛点？哪怕只是一个小小的痛点，用户就会立刻埋单！甚至花更多的钱埋单！

有效的营销就是找到用户的痛点，然后用一个产品或者一个服务给用户一个解除痛点的方案，唤起用户对无痛点状态的美好向往，用户就会毫不犹豫地掏钱购买。普通的营销找到的是用户的普通的痛点，而伟大的营销找到的是用户的巨大的痛点，甚至是人类的一个痛点即"死结"，给人们方案，给人们答案。

世界上信仰人数最多的宗教是基督教！几十亿人！为什么？基督教找到了人生的一个死结——原罪。如何摆脱？信奉承担世人罪孽的耶稣基督，从罪中被拯救出来，死后灵魂就可以升入天堂。

> 如果我们能够找到用户的痛点，并且通过我们的产品、我们的服务帮助他们解除这种痛点，带他们进入更美好、更舒适的状态，我们就是用户心中的使者，那么我们又怎会不被接受、不被尊重呢？

2005 年，有一个企业家来找我，说："路老师，我是做五星级酒店的，那么我怎么才能在外国品牌、国有品牌垄断的五星级酒店中凸显出来，让很多人愿意住我们没有名气、没有历史的民营酒店呢？"这位企业家就是今天山东著名的山东蓝海酒店集团（以下简称：蓝海）董事长张春良。

当时，我与张总就思考了一个问题，住这种国外高端酒店的顾客，还有什么痛点吗？我们发现，五星级酒店拿手的多是西餐，虽然有中餐厅，也大多是包给外面的餐饮公司做，菜品不一定好，但是价格却比外面翻了两倍还多。

很多中国客人，住在五星级酒店，还要出来找地方吃饭、请客，这就是用户的痛点。

而蓝海的核心竞争力就是"美食"！董事长张春良用 20 年的时间实现了"中国中餐标准化"，研发出了 2000 多道标准化的菜品，开创了"没有大厨"的高端餐饮连锁化品牌——钟鼎楼。蓝海的核心竞争力就是中国五星级酒店的核心差异化价值。

外国五星级酒店经营的核心是——宜居，但是对于中国五星级酒店的客人来说，住得好，还远远不够，还必须吃得好。高端商务客人需要宴请客户，高端家庭游客也希望住得舒服，吃得开心。所以，我们就大胆地给山东蓝海酒店进行了差异化定位。

一个定位 —— 开创中国美食大酒店第一品牌。

一个差异化价值 —— 美食美居。

一个广告语 —— 来山东，住蓝海。

每一个蓝海酒店都有一个美食中心，如果你想宴请宾客，就到具有中国文化气质的钟鼎楼，钟鼎楼的名字源自唐朝王勃的一首诗，广告语也是这首诗中的一句话"钟鸣鼎食，楼聚群英"，非常清晰地点明了酒店的人群定位、尊享的礼仪。如果是家人团聚，蓝海还有具有地域风情的大众美食"渔歌舫"，还有"蓝钻"自助餐厅等。

把美食做到极致就是蓝海五星级酒店的差异化竞争力。蓝海集团现在已经发展了40多家五星级酒店和高端餐饮，成为中国民营酒店集团的领航品牌。

营销的使命就是解决用户的痛点，换句话说就是，营销就是发现用户的痛点，用产品或服务解决用户的痛点，这样产品才会有刚性需求，否则产品再好，也只是叫好不叫座。

痛点营销的误区是：产品好，用户就一定需要。

比如双汇红皮火腿肠，这个产品有太多的缺点：肉少淀粉多、高温消毒使营养损失、口味不好、有防腐剂和香精，在家你肯定不会吃，可是当你吃方便面的时候，你数着碗里星星点点的小肉粒，你就有了想吃肉的痛点，这根小火腿肠就变成了你的刚性需求。傍着方便面这个"巨人"，这根小红肠至少卖了 100 多亿元。

痛点营销的宗旨是：能够解除用户痛点的产品或服务才有刚性需求。

痛点营销的步骤：

1. 发现什么用户在什么情形下有哪些需求痛点？
2. 问自己的产品或服务能解决哪个需求痛点？
3. 针对这一用户的需求痛点如何设计和完善产品？
4. 如何选择合适的渠道推广这一产品？

我们要想成为一个受人喜欢、受人尊重的品牌，我们更多的时候要忘记"用户需求"，认真思考"用户痛点"，这样才能在竞争中实现突围，避免叫好不叫座。

06

营销的战略误区：
消灭所有对手

方便面被外卖平台打压了，电动自行车被"小黄车"抑制了，说明什么？对手往往来自外部，而不是内部。如果你是行业老大，一定要有老大的胸怀，引领大家和谐竞争，做大行业！做优行业！如果你把行业内所有对手消灭了，下一个倒下的就是你！

大概两年前，有一个做凉茶的企业高管跑过来找我，说："路老师，我在集团负责品牌运营，你能不能给我一个方法，把对手干掉。"

我笑笑说："把它干掉就一定是正确的战略吗？"

他诧异地看着我说："不把对方干掉，还叫竞争吗？"

我说："你见过可口可乐和百事可乐互相把对方往死里整吗？你见过麦当劳和肯德基互相诋毁吗？发生禽流感的时候，肯德基经营非常困难，麦当劳还站出来帮肯德基证言：鸡肉经过高温烹炸以后是没有安全问题的！"

竞争中有合作，合作中有竞争，才是竞争的最高境界——竞合。

这个朋友就看着我说："路老师，那我们正确的战略是什么？"我说："你跟那个凉茶品牌应该构建竞合关系，共同把中国的凉茶做大，你们才有能力和世界上的两大可乐品牌竞争，否则就丧失了具有中国元素的凉茶和拥有西方元素的可乐竞争的机会。"

我说："单凭你们一家企业有能力与可口可乐和百事可乐竞争吗？"

他说："没有！"

我说："对了，那你们就应该是竞合关系，而不是竞争关系。"

营销的战略误区就是：消灭所有对手。

你把所有对手都消灭了，你一家很难把一个行业做大，把一个品类做大。为什么呢？第一，任何一个企业的资源和力量都是有限的，很难把一个品类或者一个行业从无做到有，从有做到大，所谓众人拾柴火焰高。第二，如果只有你一家企业在倡导，不管你说得多么在理，一家企业的声音终归太弱了，别人也很难相信。

正确的做法是引领大家一起把市场做大，你做老大就可以了。对不对？

几年前亚都加湿器的董事长来到我办公室。我一看，不愧是中国当代儒商啊！穿着一身西装，戴着一副眼镜，谈吐优雅，理性谦逊，毕业于中国最高学府之一——清华大学。坐下后，他就和我聊起了他的问题。

他说："亚都是加湿器行业的发明者，现在做到20亿元，占领了中国80%的市场。"

我一听，说："好啊，说明亚都做得很优秀啊！"

可是这位老总却面带困惑地说："可是我们的销售额不增长了呀！"

我说："为什么呢？"

他说："我很后悔，我开创了加湿器这个品类，很多企业也都在模仿我的企业和产品做加湿器，每当我发现一个追随品牌，我就以最快的速度把他们消灭在萌芽状态中，现在对手都被我干掉了，可是我发现我很孤独，我是以一个企业的力量在支撑整个行业。"

亚都的困惑给了我们什么启发？一棵树再高大，也独木难成林啊！一个行业需要适当数量的对手，大家只有在竞争中才能吸引消费者的关注，集聚市场的资源，才能把一个行业做大、把一个品类做强。

> 很多时候，是 A 品类的 A1、A2、A3、A4……A10 共十个同行在竞争，结果倒下的是 B 品类的对手，而 A 品类的总市场体量却在不断增加。同行虽然竞争激烈，但是总的体量都在增加，因为 A 品类把 B 品类替换了。

比如，外卖品牌竞争，打压了方便面市场；共享单车品牌竞争，抑制了电动自行车的发展势头。

想到花生油，你会想到什么品牌？对！是鲁花花生油！花生油虽然在中国有几百年的历史，却是鲁花在中国开创了小包装家庭花生油品类。为什么？因为花生贵啊，它俗称长生果，用花生榨油，是比较奢侈的，在古代也只是少数达官贵人的御用油。

所以，中国自古就形成了"北大豆，南菜籽"的需求格局，小包装家庭花生油的市场份额几乎为零。30 年前，鲁花开始专注花生油品类，致力于让中国大众家庭吃上又香又健康的花生油，现在在鲁花的带领下，小包装花生油的总体市场份额从 0 发展到 10%，鲁花也成为花生油的第一品牌，占据花生油 70% 的市场份额，销售规模达到百亿级。

鲁花在推出花生油的三十年里，从不打击花生油同行企业，从不诋毁花生油企业的产品，而是以一种老大的胸怀，包容了市场上其他花生油的存在，同时鲁花还耗资 5000 万元，独创 5S 物理压榨工艺，祛除

黄曲霉毒素，荣获国家科技进步奖，引领花生油这个品类的品质不断升级，让花生油成了中国老百姓餐桌上既美味又放心的一瓶油。

> 很多人没有成功是因为总是纠缠于问题本身，而忘记了人生的根本目的。如果你是老大，那你一定要有老大的胸怀，引领一个行业和另外一个行业竞争，你要让这个行业受人尊重，受人尊敬！你要学会尊重所有的对手，竞争要有底线。在这个底线之上，大家一起把这个行业做大，把这个行业做优！只有这样，我们每个企业才有持续发展的基石。

07

企业竞争突破的三要素：产品、品牌、商业模式

三要素中任何一点的突破，都可以塑造企业的竞争能力。可口可乐不是一个健康的产品，却是全世界公认的快乐品牌。一对夫妻，用5万元创业，将一块普通的糖果价格翻了4倍，靠的是产品突破！公牛将对手甩出几条街，靠的是用快消品渠道模式做慢消品！企商联盟和经济共同体是未来的发展趋势。

企业竞争突破的三元素就是：产品、品牌和商业模式。突破任何一个元素，都可以塑造企业的竞争能力。

竞争突破的第一个元素：品牌。

可口可乐的健康性一直受到国内国外舆论的诟病，所以不能说可口可乐是一个好产品，但是可口可乐一直致力于塑造品牌的核心价值——快乐，通过100多年持

续的传播，成为全世界饮料的第一品牌，可口可乐是否健康好像已经不重要了，在消费者的认知中，与其说它是一个饮料，不如说它是一个快乐的符号，奥运会、圣诞节、春节……哪里有快乐，哪里就有可口可乐。

不是只有好产品才可以做品牌，品牌是在消费者主观认知中的价值，而不是客观的、公认的、本来存在的价值。

钻石的唯一元素就是碳，是世界上最不缺的元素，人造金刚石和钻石也没有什么区别，但是戴比尔斯公司却把钻石比喻成永恒的爱情，从此钻石的光芒掩盖了真金白银，成为年轻女人最憧憬的定情物。

如果一个男人自作聪明地给女朋友科普一下："嗨！钻石其实就是碳，没有什么稀奇的。"女朋友一定很生气地说："你是不想买，还是买不起啊？"

世界没有真相，只有认知！

竞争突破的第二个元素：产品。

天才的乔布斯创造了天才的苹果手机，依靠其独一无二的 iOS 系统、简约到极致的时尚造型、轻松灵敏的触感，仅用了不到 3 年时间就取代了 IBM，成为全球手机的第一品牌和风向标。

苹果手机的诞生，将全世界的手机市场 1/2 切割为：苹果手机和安卓手机。无论是华为、小米还是三星等国内国外品牌的手机统统都被划分到安卓阵营，且无论怎么合力竞争，都无法撼动苹果手机在消费者心中的地位。

凭借独一无二的产品，苹果没有像诺基亚那样到处建渠道、建终端，而是采用了"终端体验＋预

定销售"的商业模式。北京西单有个苹果体验店，高端、大气、上档次，每天上午10点开门，人们上午9点就开始在门外椅子上、大树周围的石墩上坐着，感觉像20世纪80年代大商场开门前的光景。

门开后，人们争先恐后地涌进去，80%以上的人都是伸长了脖子，围在柜台前，欣赏、体验、讨论最新一版苹果手机的妙处。在这80%的人里面可能有一半都是买不起苹果手机的。

所以，如果你有一个天才般的革命性产品，你即使不建渠道，也有人慕名而来，但是这种概率往往很小。

即使我们不能创造出革命性的产品，也不能放弃创新改良型的产品，因为产品是企业竞争突破的重要元素。

我有一个客户，夫妻二人在2000年开始创业，企业经营范围定位为做喜糖。传统的喜糖通常是拿个塑料袋子，装上半斤到一斤各色各样的糖，由新人送给亲朋好友。

在贫穷的时候，糖是很奢侈的，多多益善。谁家结婚，小区的孩子们都围堵在门前，等着新娘新郎出门发喜糖，能抢到一块可以高兴一周，但是到了2000年，中国人已经逐渐进入了谈糖色变的时代，人们提起糖就会联想到：高血糖！长胖！蛀牙！小孩不宜多吃！等等。

你给人家装半斤、一斤喜糖，对于人家来说是负担。

他们大胆地做出了一个战略抉择：**做新时代的喜糖！**

他们为这个喜糖起了一个浪漫的名字叫**"诗蒂"**。

什么是新时代的喜糖呢？他们没有从糖果上创新，而是从包装上创新。

诗蒂喜糖的包装不再是印着"喜"字的塑料袋，而是变成了像首饰盒大小的各种材质的精美的袋子。

有方形的、圆形的、心形的、花瓣形的……

有红色的、粉色的、紫色的、白色的……

包装上面有的印有卡通图案，有的装饰着蝴蝶结，有的系着丝带……

风格有喜庆的、有浪漫的、有温馨的……

每对新人都可以找到自己喜欢的包装，每位收获喜糖的人都可以通过特别的包装感受到新人对爱的诠释和对生活的憧憬。

你知道如此精致的包装里有几块喜糖吗？最少的只有2块小巧克力，最多的也只有 5 块巧克力。你知道这一袋喜糖卖多少钱吗？

5 元钱，这个价格在当时（2000 年）接近德芙巧克力的 4 倍。

他们用 4 万元印制包装，1 万元购买中等品质的国产巧克力。

结果这 5 万元成本的巧克力，一上市就一抢而空，收回来的钱又去印制更多的、更好看的包装，继续购买中等品质的巧克力，这样一年下来，诗蒂喜糖就在上海引起了轰动。

连中国的国宝姚明结婚发的都是诗蒂喜糖。

竞争突破的第三个元素：商业模式。

过去讲渠道模式，在互联网信息化时代延伸为商业模式。在品牌力不变、产品力不变的情况下，改变商业模式同样可以提升竞争力。

我们服务的公牛插座是中国经典的营销案例，公牛是一个小行业成长起来的大企业，已经变成很多大行业、大企业研究的对象。

为什么？除了抓住用户痛点、切割安全插座市场外，更重要的是用快消品的渠道方法运作这个慢消品。

接线板的营销最难的环节是渠道。2000 亿元的饮料无非就是通过餐饮、超市、小店三个主渠道销售。可是 120 亿元的小接线板却散落在各种终端和批发市场。五金店、灯具店、电器城、家电城、电子城、办公用品专卖店、百货店、大超市、小卖部，还有淘宝、京东，到处都有接线板，这可能是迄今为止市场最小、终端最分散的品类。

> 如何归零为整？用快消品的方式销售慢消品，才能远远地把对手甩在后面。取消省代，设立城市经销商，变坐商为行商，深度分销到各种终端。

品牌为王，渠道王中王。

虽然品牌没有知名度，但是渠道模式做得好，目标终端定位准，并且做到 100% 铺货，产品照样可以卖火；反之，如果广告打得很响，但是渠道模式没做好，终端没有能见度，照样卖不好。

未来最好的商业模式是什么呢？就是共同体！

人类历史上有三种共同体：

第一是血缘共同体，中国人尤其依赖血缘关系。

第二是价值共同体。

第三是利益共同体，共享共赢。

企业要建立多边利益共同体，首先要构建商业的内生态圈。

企业平台化，分工、分配精确到每一个环节、每一个人，让每一个人成为一个经营单元，多劳多得，让企业成为每个人的创业平台。

今天如果你仅仅是通过企业文化来凝聚这些80、90后的新生代是不可能的，未来的企业应该成为每个员工的创业平台。

其次，要建立外部生态圈，企商联盟是未来的发展趋势。

40 年来，经济发展、商业繁荣，已经在中国形成了几千万名的经销商群体，他们有了经验、有了资金、有了管理、有了队伍，经营规模少则上千万元，多则几十亿元。以前企业强，经销商弱，现在已经发展到势均力敌的状态。

企商联盟是未来的趋势，企业负责研发、生产、媒体传播和推广；经销商不仅仅要负责进货、仓储和回款，还要负责分销、促销、地推，相当于现在销售团队的职能，这样，企业就不再需要建立几百人、甚至几千人的团队去协助、监督、管理经销商了。

> 过去企业和经销商是商业伙伴关系，有利益就合作，没利益就散伙；未来企业和经销商是"夫妻关系"，平等、分工、协作、共享、共赢。

第三章

战略大思维

赞伯 3 + 1 金钻战略模型，
定位第一战略

01

是什么取代了 SWOT 分析？——赞伯 3+1 金钻战略模型

赞伯独创3+1金钻战略模型,第一,机会!机会!还是机会!机会是最大的宝藏;第二,未来!顺大势,做大事。有未来的机会才是战略机会;第三,刚需!解决用户痛点,有刚需的市场才有战略基础。向前?向后?向左?向右?机会不止一个,最后,企业核心竞争力决定有且只有一个机会属于自己。

这篇文章给大家讲一桶油,这桶油是我的一个心愿。

这些年来,我做了很多桶油都非常成功,但这桶油却没那么成功。

如果说鲁花抓住了中国油脂产业崛起的第一次机遇,那么这桶油则是中国油脂产业崛起的第二次机会。

这桶油是菜籽油。

菜籽油曾经占据 42% 的市场,中国广大的南方区域,自古以来烹饪用油都与菜籽油有关。

过去 10 年,其他食用油品类都出现了第一品牌,像大豆油的福临门、花生油的鲁花、玉米油的长寿花、调和油的金龙鱼,只有菜籽油品类没有出现第一品牌。

2009 年,我看到了菜籽油回归的趋势与机会。如何判定的?

我用了三个词六个字——机会、未来、刚需，还有一个力——企业的核心竞争力。

第一个词——机会！机会！还是机会！

> 机会像地面上的一个小洞，发现它、挖开它，下面就是无穷尽的宝藏。记住：机会只是一个小洞，不是一个大洞，是大洞的时候要么已经见底，要么就是陷阱。遗憾的是，绝大多数人都愿意奋不顾身地往大洞里跳。

改革开放初期，很多人下海经商，也有很多人稀里糊涂地发了财，这就是机会的力量。机会可以给人创造最大的价值，机会可以让人付出最小的成本！机会不像肉搏战，而像赛跑，比的就是看谁跑得快。

2013 年，中粮、益海嘉里、鲁花这三大食用油企业都销售菜籽油，而且三大品牌的菜籽油合计占有 54% 的市场。

很多人说，菜籽油已经是坑了，不能做了，三大巨头霸占了大半的市场，菜籽油行业难以再出现领军品牌。

但是我看了这些数据、资料之后，却发现了菜籽油的巨大机会。

什么叫行业老大？行业老大必须满足两个条件：

第一，市场占有率超过 20%，如果你没有超过 20%，那你只能叫领先，一不小心就会被别人超越。所以当你领先的时候，千万别沾沾自喜，直到占领品类市场的 20%。

第二，行业老大第一步要完成"品牌＝品类"的认知，第二步要完成"品类＝品牌"的认知。这两个双向认知缺一不可，否则你在消费者的心智中就不是老大。

品牌＝品类　品类＝品牌

我们来看，中粮、益海嘉里、鲁花是否具备菜籽油老大的资格？

显然是不具备的，提到鲁花，你永远想到的是花生油；提到中粮，你想到的是福临门大豆油；提到益海嘉里，你想到的是金龙鱼调和油。提到三大品牌，你都不会想到菜籽油，反过来，提到菜籽油，你也不会想到三大品牌的任何一个品牌。

所以，菜籽油在消费者心智中没有品牌，一个战略要地，一座山头要塞，在无人防御时最容易被占领。菜籽油市场的第一品牌虚位以待。

第二个词——未来。

发现机会，要看有没有未来？有未来的机会才是永远的机会。

煤，10年前是机会，10年后就不是机会，因为它不符合环保的要求。如果一个煤老板能在10年前意识到煤是没有未来的，那他就有可能在一边挖煤获取财富，一边布局和开拓新能源，就不会像今天这样，事业出现断崖，没有大事可做了。

菜籽油的机会有没有未来？

"北大豆、南菜籽"的说法从何而来？油是什么？油是中国烹饪的载体，煎炒烹炸都离不开油，而自古以来南方烹饪技艺都是和菜籽油相伴相生，只是菜籽油没有第一品牌，华东、华南很多地区被调和油攻陷了。

近两年，金龙鱼调和油因为转基因问题销量急剧下滑，每年都以两位数在下降，一年至少让出十几亿元的市场。谁来代替调和油？这正是菜籽油重新回归的最佳时机。

第三个词——刚需。

很多企业认为，只要产品好，就一定能卖得好。

我告诉大家，好产品不一定卖得好，能满足消费者需求不一定会实现销售，能解决消费者痛点且有刚需的产品才有市场。

那什么是食用油的刚需？

吃油，香是必需的，自古以来，中国菜品就讲究色香味俱全，讲究菜品要香。鲁花靠一个"香"字火遍中国，但是今天的中国人，不仅要求香，还要求健康。健康的香才是食用油的发展趋势。

纵观所有的油种：

菜籽油：原料健康，非转基因。

菜籽油：有天然的清香味，特别适合华东一带的清淡味菜系。

菜籽油：工艺健康，物理压榨非化学浸出。

菜籽油：烟点高，不仅炒菜油烟少，还特别适合华中、西南吃辣地区。

菜籽油：营养成分健康，世界上很多专家认为菜籽油脂肪酸搭配合理。

所以，未来菜籽油一定会回归中国南方食用油的刚需市场。

你看，菜籽油满足了"机会、未来、刚需"，这个油有大未来。

2013 年，悦生合（河南懿丰油脂有限公司旗下的生产非转基因双低菜籽油的品牌名称，2016 年被评为"中国驰名商标"。）菜籽油的老总来找我，我非常开心，因为我做食用油策划 10 多年了，我觉得悦生合有机会成为中国的第二个鲁花。当年我就帮悦生合菜籽油做了整合营销策划方案。

我们抓住中国人吃油的痛点进行突破，什么是中国人吃油的痛点？吃油却怕油。

想起肯德基鸡腿汉堡，你就会觉得好吃，可是吃完了，你又担心油炸食品对身体不好。提起油条，几乎全国人民没有不爱吃的，可是又不敢吃，即使这样，少则十天半个月，多则两三个月也得来一根。

菜籽油饱和脂肪酸含量低，油酸、亚油酸、亚麻酸搭配天然均衡，男女老少都适合，一家三代人的健康都能得到满足。如何做第一？如何表达第一？

品牌定位：中国家庭健康核心用油。

核心价值：健康的香。

核心概念：9A健康金标。

功能诉求：怕油就吃悦生合双低菜籽油。

情感诉求：香聚一家人，健康三代人。

做策划案之前悦生合的销售额也就几千万元，品牌营销整合方案制定出来后，我去帮助该企业开了个招商会，非常成功，300 多位经销商都非常有信心。

2014 年，我为这个企业做品牌营销整合方案的工作期限已经到了，2014 年年底，悦生合做到了 3 亿元的市场规模，我自认为，到 2016 年，这个企业应该能做到至少 10 亿元，应该达到上市水平了。

有一次，我到郑州讲课，正好晚上有点空，就给老总打了个电话，我说："你来聊聊企业做得怎样了？"他就从驻马店赶到郑州跟我吃饭聊天。

我见了面就问他："你现在做到 10 亿元的市场规模了吧，企业是不是要上市了？什么时间上市？"

他说："路老师，不好意思，我们到今天的市场规模还是 2~3 亿元。"

我很吃惊，就问他："是不是我们的营销策略有问题啊？"

他说："路老师，这个真不怪你，是我现在供不上货啊！"

我说："啊？供不上货？那就抓紧生产啊，你的企业不是有生产能力吗？"

他说："路老师，你当时帮我做得很好，品牌价值起来了，现金流也很好，我就去搞房地产了，另外我还搞了一个私人飞机租赁业务，但是赶上这两个行业市场都不景气，整个公司现金流就变得非常紧张，所以我供不上货。"

我听了非常难过。为什么呢？我服务鲁花很多年，我知道中国能够出现第二个食用油大品牌的机会就在菜籽油啊！我在悦生合身上倾注了几乎对食用油行业的所有期望，我希望能再做出一个百亿级的企业。

能不能做成企业，能不能做大企业，除了"机会、未来、刚需"以外，还有最重要的一点——你自己的能力——企业的核心竞争力。

如果说"机会、未来、刚需"只是决定我们战略的可行性的话，你自己的能力则决定了你能不能打胜仗。我非常遗憾的是悦生合没有鲁花"30 年坚守一桶油"的定力。

悦生合缺失的竞争力就是专注。

这么多年，我接触了很多企业家，我认为企业家非常重要的一个竞争力就是专注。核心竞争力之首就是专注，没有专注，你有再多的财富、再多的人才都没有用。

我一共讲了 3 个词和 1 个力，用来判断企业的未来——机会、未来、刚需和企业的核心竞争力，这就是著名的赞伯 3+1 金钻战略模型。

大家都知道金刚钻（金刚石）是自然界中天然存在的最坚硬的物质，金刚钻是由碳元素组成的矿物，是碳元素的同素异形体，我们日常生活中常见的木炭、石墨等也是由碳元素组成的，但它们并不坚硬。只有碳原子以正三棱锥的形态链接才能形成最坚硬的金刚钻，所以结构是稳定的关键。

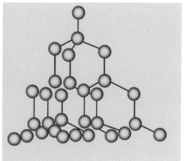

赞伯3+1金钻战略模型

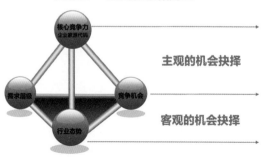

自然界如此，人的思维领域也是如此。赞伯 3+1 金钻战略模型，就是仿照金刚钻的原子排列结构，在"机会、未来、刚需"三点即三个关键要素的基础上，加上企业的核心竞争力，形成三棱锥立体结构，从而创造出的最精准、最快捷的制定营销战略的思维结构模型。

这种思维模式和我们常见的 SWOT 分析并不一致。SWOT 是一种对企业外部机会与风险的主观预测和对企业内部优势与劣势的客观阐释，这是一种矛盾论式的对比方法，是两个平衡与徘徊的分析方式。这种方式比较适合巨型企业或者说 500 强企业，并不适合中国绝大多数的大中小型企业。

任何事情在任何时候都有风险，任何企业在任何时候都有劣势，因此战略决策的第一个核心要素是机会！机会！还是机会！

所以，赞伯 3+1 金钻战略模型的核心思想是发现客观的机会，并明确核心竞争力，抓住属于自己的机会。而风险和劣势是战略实施过程中的战术问题，不是战略问题。

02

行业混乱是最大的商业机会

经常有一些企业家抱怨行业乱、不好做！这恰恰是最大的机会。改革开放初期，中国市场乱不乱？为什么跨国企业蜂拥而至？规范的市场，对于消费者也许是好事，但对于企业，就很难有机会了，除非你创造出革命性的产品。

赞伯 3+1 金钻战略模型的第一个要素是：机会！机会！还是机会！

什么是机会？

经常有一些企业家朋友跟我交流这样的问题，说："路老师，我这个行业很乱，不好做！"我说："如果行业不乱，还有你们的机会吗？你跟我说说，你所说的行业乱是指什么呀！"

他们的回答大致是：企业数量成百上千，产品品质参差不齐，低价格恶性竞争，行业缺乏约束，假冒伪劣盛行，消费者不理性……

在我看来，这恰恰是最大的机会。企业数量多说明行业很活跃，产品品质参差不齐说明行业没有形成技术壁垒，低价恶性竞争说明行业还没有形成大品牌，假冒伪劣盛行说明现有品牌的渠道网络做得不扎实，消费者不理性说明市场还没有形成对好产品、好品牌的认知。

如果我们能够找到消费者的痛点，针对一个痛点提供一个解决痛点的产品或者服务；如果我们能够切割具有这类痛点的人群，在他们心智中建立一个好产品或者好服务的标准；如果我们进一步切割一个根据地市场，切割一个主渠道，完成终端网络推广；如果我们能集中有限的资源在局部市场进行品牌传播，打造出局部势能；我们是不是至少可以创造出一个局部市场的第一？

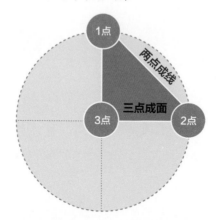

- 然后从一个点的第一，到两点连线，最后三点成面。
- 当你占领了一面，就具有了无限的延展性。

我们思考一个问题：改革开放初期，中国市场乱不乱？为什么跨国企业却蜂拥而至？如果他们喜欢规范的市场、规范的行业，在欧美待着不就行了吗？

为什么？因为规范的市场对于消费者也许是好事，但是对于企业就很难有机会了，除非你创造出了革命性的产品。

如果倒退15年，你知道方便面有康师傅、统一、华龙三大品牌，你知道挂面的第一品牌是谁吗？你一定说不出来。这个行业太传统，挂面吃了几百年，有品类没品牌，几乎每个面粉企业都会生产挂面，跟着面粉渠道、网点顺带销售，价格不是乱，而是很低，因为面粉企业从来不依靠挂面挣钱。

最后打破挂面"有品类无品牌"历史的却是一个行业外的人，他叫陈克明，是赞伯服务的一个客户，他的挂面品牌也叫陈克明。

陈克明曾经是一个木匠，干活时把一个手指弄残了，从此木工活干不成了，于是就开始研究挂面。他起家的地方在湖南，根本没有面粉，还得从北方买面粉做挂面，没有原料优势，也没有成本优势。

上帝把所有门关上的时候，一定会给你留扇窗户。陈克明首先从做挂面的态度入手，同样的面粉他会三揉三醒，面变得非常劲爽；其次他从挂面的工艺入手，解决了消费者的一个痛点——挂面煮完了，如果这顿吃不了，下顿汤浊面糟，多半要倒掉，但是陈克明的挂面却是汤色清面筋斗，这顿吃不了，下顿照样可以吃。

陈克明的挂面一上市，定价就比普通挂面至少贵50%，为什么敢这样定价？一定要记住：

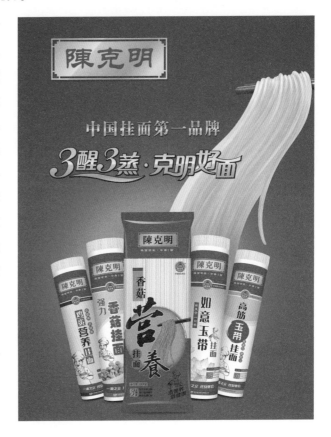

- 消费者首先要买好产品，其次要买实惠的好产品，在很多企业的认知中，这两个顺序被颠倒了。
- 但是，渠道商和终端商只有一个需求：要卖有利润的产品。

陈克明挂面在十年时间内异军突起，创建了挂面第一品牌，并且成了一个优秀的上市公司，销售额已经做到几十亿元，成为中国的挂面大王。

一定要记住一个概念：行业混乱是最大的商业机会。

03
顺大势，做大事

诺基亚为什么倒下？不是因为没有技术，是因为对未来判断失误，领先者不是风向标，未来才是。瀛海威为什么失败？不是因为没有战略设计，是因为太超前。正确的营销战略既要符合未来的方向，又要把握正确的时机，前进一步是先烈，前进半步是先驱。

赞伯 3+1 金钻战略模型的第二个要素是：未来。

什么是未来？有两个层面的含义：

- 我们的战略定位一定要符合未来的发展趋势，只有这样才有持续发展的空间。
- 未来不等于遥不可及，未来已来，前进一步是先烈，前进半步是先驱。

大家都知道，苹果手机是新一代智能手机的领导者，几乎树立了智能手机的标准，不管是研发技术还是工业设计，在智能手机的领域内，苹果公司几乎没有对手。

但是，凡事都有例外，有一个品牌的智能手机，就曾经在苹果这棵大树之下，迅速崛起，还抢过了苹果的风头。

和苹果手机相比，这个品牌的手机不管是触屏的灵敏度还是色彩的逼真度，不管是画面的细腻度还是手感的顺滑度，不管是容易上手的人性化模式还是外在的形象，都与苹果手机有一定的差距。

但是，这个品牌还是凭借对趋势的把握，仅仅用一个创新，就成功地达成了在苹果这棵大树下顽强地生存和生长的目的，甚至某段时间这个品牌的手机还将苹果远远甩在后面。

这个品牌就是大屏智能手机的开创者——三星。

大家虽然现在都习惯了使用大屏手机，但是在三星推出大屏智能手机之前，手机还处在小屏时代。不知道大家是否还有印象，最开始的手机是像砖头一样的大哥大，然后慢慢演化成了小灵通这样的袖珍手机。当时很多人认为，手机容易携带和操作才是未来发展的趋势，甚至连乔布斯这样的天才也这么想。

> 表面的演化，并不等于内在的本质，看不清本质的变化，就找不准趋势的节点。有时候，运用逆向思维思考问题才能看清本质，也才能找准行业的趋势。

随着智能手机的发展，手机从一个通话工具演变成了智能终端。手机的主要功能从原来的接打电话、发短信变成了看电子书、看图片、看视频、网上冲浪和办公等。小屏手机自然无法满足用户的这些体验，手感已经不再是用户选择的重要因素，未来的手机一定是大屏的天下。

正是靠着这样的逆向思维，三星在2011年德国柏林 IFA（柏林国际电子消费品展览会）上，率先推出了拥有5.3英寸超大屏幕的 Galaxy Note，开创了全球大屏智能手机的先河。

比起人性化的手感，三星更关注视觉的畅快。三星大屏手机一经上市，就切割了年轻人的市场，迅速风靡全球。

当三星推出大屏手机的时候，连乔布斯都认为三星疯了。如果说乔布斯是一个天才，那天才唯一的疏漏或许就是这件事。苹果处处领先，但唯一落后的也是这件事，而且落后了整整三年。

所以，判断趋势、顺势创新非常重要；但没有把握势头的节奏，太过于超前的创新，也不能成为先驱，反而成为先烈。

现在大家都习惯了网上娱乐、网上学习、网上缴费和网上购物……也很熟悉中国的三大互联网巨头——BAT，用百度搜索引擎检索信息，用阿里巴巴淘宝购物，用腾讯 QQ 和微信社交。但是，大家知道中国互联网是何时起步的吗？知道中国互联网的第一人是谁吗？

在大多数人还不知道什么叫互联网的时候，她已经在构想电子购物了，并且发行了用于网上交易的虚拟货币"信用点"。

在搜狐、网易等门户网站还没有出现的时候，她已经做了叫"新闻夜总汇"的项目，在网上汇集当天各大报纸的新闻。

在网民数量非常有限的时候，她已经在和政府讨论：网上卖东西要不要交税？网上发表不当言论，网站要不要负责？

她，就是中国信息行业的开拓者——张树新，是一位互联网界的巾帼英雄。她的公司就是 20 世纪 90 年代大名鼎鼎的瀛海威——中国第一家互联网公司。

可以说，是瀛海威启蒙了中国人的网络意识，许多中国人是伴随着瀛海威走进互联网世界的。当时她在中关村竖起了一个硕大的广告牌，上面清楚地写着：

中国人离信息高速公路有多远——向北1500 米。

这个广告牌成为当年最受关注的新闻事件之一，同时也让瀛海威和它的创始人张树新成为焦点，但是，瀛海威后来还是销声匿

迹了,张树新没有成为互联网的先驱,而成了先烈。

在现在看来都很棒的项目为什么没有发展起来呢?张树新为什么没有将瀛海威打造成阿里巴巴呢?

有一个很重要的原因就是——太早了!瀛海威1995年创立,那时中国互联网与国际接轨刚一年,中国人对互联网还很陌生,当时的硬件和软件都没有条件支撑张树新的创想。

有一个小故事,张树新曾经专门劝说杨元庆把电脑装上调制解调器,把联想"1+1"做成联想"1+NET",结果杨元庆不理解,他反问张树新:"我卖电脑就卖电脑,为什么还要装网络呢?"

用张树新自己的话来说:"我们本来是要卖面包的,后来我们要从种麦子做起,而卖面包的利润又无法负担种麦子的成本。"

所以,本来是朝着趋势的方向前进的瀛海威,走多了,走早了。前进半步是前驱,前进一步变成了先烈。

> 创新要正确判断趋势,顺势而为,这样才能改变强弱对比的力量,成就大事,但是,创新不是跨越趋势、盲目冒进,在不成熟的技术和市场条件下,所谓的创新只能成为成功者的垫脚石。

还有一个大企业在趋势把握上跌了跟头,它就是宝洁。宝洁在日化行业至少有三件事情没有引领行业趋势,第一件是透明皂,因为宝洁忽视了中国人用手洗衣服的习惯,于是给了雕牌发展空间;第二件是洗衣液,替代了难溶解的洗衣粉,给了蓝月亮崛起的机会;第三件是洗手液,与香皂相比,洗手液在公共场合使用更方便、更卫生,这一次还是蓝月亮拔得头筹。

本来最应该有前瞻性眼光的企业,因为没有时刻盯紧趋势,而成为这些领域的跟随者,所以即使是大企业,在趋势面前也不能掉以轻心。

领先者不是风向标,未来才是。

04

营销百变，不能忘本

2011 年，一股互联网餐饮狂潮席卷中国，黄太吉、雕爷牛腩、西少爷肉夹馍……营销手法花样百出，一度成为新时代的典范，可最后为什么都沉没了？做营销最大的忌讳就是"忘本"，这个"本"就是指品类的基本属性，餐饮的"本"就是好吃！背离品类基本属性，无论营销手段多么喧哗，很快都会落幕。

赞伯 3+1 金钻战略模型的第三个要素是：刚需。

刚需是什么？就是解除痛点的需求。

不是所有的需求，消费者都愿意埋单，愿意花更多的钱埋单，愿意立刻埋单，所以很多企业的产品都是叫好不叫座。只有满足刚需的产品或者服务，消费者才愿意埋单，企业的价值才能兑现。

2011 年，一股互联网餐饮狂潮席卷中国，黄太吉、雕爷牛腩、西少爷肉夹馍纷纷崛起，营销手法花样百出，一度成为行业经典案例，其中最著名的就是雕爷牛腩了。

2012 年，雕爷挥别了阿芙精油的淘宝店，花费 500 万元从香港食神戴龙手中购买了牛腩秘方，宣布再次创业，打造轻奢餐饮品牌"雕爷牛腩"。

雕爷牛腩开业前半年，就烧掉了 1000 多万元做菜品封测，封测期不让普通用户进入，明星、公知、美食达人都以受到邀请为荣，连韩寒夫妇都因为没有预约而被拒之门外。

这种饥饿营销的方式吊足了消费者的胃口，开业两个月，这个餐饮外行就成了商场餐饮品牌的第一名，刚开了两家店，就获得了 6000 万元风投和 4 亿元估值。

在雕爷牛腩最火爆的时候，我也赶了一下时髦，但体验过后，我就跟朋友说，雕爷牛腩长不了，朋友迷惑地问我原因，我说："因为太难吃了！"

> ■ 营销百变不能忘本！
> ■ 餐饮的需求本质是什么？是好吃！好吃才是餐饮的第一竞争力。

雕爷牛腩舍本逐末，过于追求创意玩法、噱头话题等，而背离了餐饮"好吃"的需求本质，热闹过后，势必遭到市场更猛烈的反噬。

果不其然，2016 年雕爷牛腩营业额急剧下滑，由巅峰跌落至谷底，日营业额由 100 万元下跌到 20 万元，加盟商纷纷撤店倒闭。

> 做营销最大的忌讳就是"忘本"，这个"本"就是指品类的基本属性，也是消费者的刚性需求。任何行业做营销，都不能背离品类的基本属性去讲故事。

2016 年，鲁花的高管带着酱油来找我，讨论如何定位这瓶酱油？

百变不离其宗，营销要回归本质。

那么酱油的本质属性是什么？就是酱香味！

海天酱油卖历史，卖正宗！

李锦记酱油卖薄盐，卖健康！

厨邦酱油卖晒酿，晒足 180 天！

但是它们都没有抓住酱油的根——纯正酱香味。鲁花酱油作为一个后来品牌，直接占领了酱油的根本——酱香味，直击品类基本属性，创立了"酱香味就等于鲁花自然鲜，鲁花自然鲜就等于酱香味"的认知。

那么如何把鲁花酱香酱油的酱香味表现得淋漓尽致呢？就是要跨界用品鉴红酒的方式品鉴酱油。

闻一闻，

尝一尝，

滴一滴，

都是酱香味。

酱香味就是鲁花自然鲜。

直击酱油基本属性酱香味，再次成就鲁花酱油的新势力！

在中国做企业，常常陷入这样一种误区：企业通常把成功归因于自己的个人能力或努力，而把失败归因于环境的恶劣，比如恶性竞争、经销商见利忘义、国家经济下行等，而忽略对品类本质需求的思考。

当你对品类本质属性有了深刻的理解时，你就懂得了如何围绕这个本质属性去挖掘消费者的刚需从而占领消费者的心智了。当你的品牌成为某个品类本质属性的符号时，就具有了一道无形的光环，具备了很大的市场竞争空间，成了消费者的优先选择。

05

本性也能移

自行车从代步工具，到城市新贵的时尚运动，再到提供分时租赁的共享服务，它的属性在不断发生变化，所以，做品牌，要时刻关注品类本质属性的漂移，及时调整企业的战略和产品营销策略，才能始终站在市场的前沿。

很多人都参加过同学会，前段时间，我也参加了一次，是一次大学毕业30年后的聚会，其中的一名男生和一名女生，在上大学时都对对方很有意思，但是很遗憾没有在一起。现在这两人都离婚了，我们就想撮合撮合他俩。

一个女同学就跟这位女同学说："喂！那位男神现在也单身了，要不我们给你牵个线？"这位女同学的回答出乎大家意料："以前总盼望着和他见面，盼了30年，今天一见，**他还是他，但他已经不是他！**"

中国有句老话"江山易改，本性难移"，但随着时代的变迁，很多产品的属性也发生了升级和漂移。

以前自行车是私家代步工具，大家的基本需求就是要结实，前面驮孩子，后面驮老婆。随着城市交通越来越便捷，自行车的品类属性就发生了转移，从原来的私家代步工具变成了城市新贵的休闲运动装备，比如碳纤维车（主要是中高档的竞赛用自行车），虽然价格很贵，但是十分轻便，周末骑着出去锻炼身体，有的也可折叠放到汽车后备厢，很多用户在周末都骑着它出去锻炼身体。再比如，现在流行的共享单车，它的属性再一次发生了转移，从贵族运动休闲装备变成了碎片化的公共交通工具，连接地铁、公交之间的 1~3 公里，而且是公共交通工具，不需要买，直接租就行了。

从私有财产到公有财产，从代步工具到健身休闲装备，到成为"最后一公里"的碎片化公共交通工具，自行车的属性发生了三次变化。

说完自行车，再说说我们小时候都很熟悉的冰淇淋。冰淇淋的本质属性也经历了三个阶段。

第一个阶段：解渴。

相信 1975 年以前出生的人都能想起卖冰棍的小推车，还有那幸福的吆喝声："卖冰棍嘞！"

小推车上有个木箱子，木箱子里面放着冰棍，外面盖着棉被，卖冰棍的人一路小跑到社区，社区的小孩手里攒着钱的就疯抢，没有钱的就在旁边眼巴巴地看着。那时候夏天家里没有空调、没有冰箱，冰棍就成了解渴的重要产品。

全中国人就吃三种冰棍，一种红果的，一种小豆的，还有一种奶味的，基本上每个县城都会有一个冰棍厂。当时，冰棍的本质属性就是解渴，所以你生产冰棍，一定要满足"解渴"的属性，口味清爽、冰多刺凉、硬邦邦的不易融化。

但是如果冰棍厂好心，多加点奶，多加点糖，多加点膨化剂，成本上去了，档次上去了，吃到嘴里甜甜腻腻的，反倒没人愿意买了。

第二阶段：休闲小食。

1996 年以后，街边商店有冰柜了，有些家庭也有冰箱了，这个时候饮料火了，比如乐百氏、娃哈哈、可口可乐都是在那个阶段火起来的。夏天饮料放在冰柜里，喝起来透心凉，比冰棍还解渴，冰镇饮料成了解渴的首选。

那冰棍去哪儿了呢？冰棍并没有消失。冰棍厂给冰棍里加了更多的奶、巧克力，让它的味道更浓，冰棍的属性就从解渴食品变成了休闲零食，名字也不叫冰棍了，它有了一个行业术语叫雪糕。这就进入了第二个阶段，在这个时期，诞生了中国非常了不起的乳制品企业，就是伊利（伊利集团），生产各种好吃的雪糕。

2000 年，我到伊利做营销副总，基于对雪糕属性的判断，做了一个雪糕，叫"四个圈"，从外到里，一圈巧克力脆皮，一圈牛奶，一圈鸡蛋牛奶，最里面是一个巧克力棒，一听这结构，就知道不是用来解渴的，而是好吃好玩的休闲零食。采用"四大策略"创造了当年单品销售 3.5 亿元的奇迹。

第一大策略：**人群切割**，差异化和路雪的年轻消费者定位，切割5~12岁的儿童市场，为什么？不是产品没有竞争力，而是因为品牌力不强，传播投入太少，无法削弱和路雪在年轻人心智中的地位：时尚、活力。

第二大策略：**聚焦传播**，为什么？传播资金有限。聚焦一个央视《大风车》节目辐射全国，聚焦8个重点省市，聚焦省级或直辖市高收视频道，聚焦热点儿童电视栏目，聚焦儿童放学后、做作业前的时段，聚焦冰品旺销前 1 个月和旺销后 3 个月，聚焦插播广告的正前三位，聚焦！聚焦！再聚焦！有限的 2000 万元广告投放，达到了目标人群人人皆知的目标。

第三大策略：**渠道变革**，打破大经销制，一级经销商转化为配送商，管理服务到二级，决胜终端。今天听起来觉得没什么特别新奇的，可是在2000年，这个策略被称为"冰品渠道的革命"。

第四大策略：**产品战斗机组装模型**，一体两翼的飞机模型，以四个圈为机头，差异化竞争，保利润争销量，以两个性价比绝佳的产品为两翼，保销量挣利润，带动机身利润型产品和机尾跟随性产品销售。

"四个圈"瞄准了漂移的冰品属性，在四大营销策略的指引下，伊利在连续三年销量下滑后，逆势反弹，创造了年销售 8.5 亿元的历史新高，比上一年销量 5.7 亿元增长了 44%，超过历史最高水平 7.5 亿元，利润也翻了一番。

> 品牌是枪膛，产品是子弹！子弹要直击移动的目标，产品要瞄准漂移的品类属性。

第三阶段：时尚甜点。

随着休闲食品越来越多，雪糕作为休闲零食的地位又被边缘化了，它的属性又一次发生了转移，变成了时尚甜点，产品更有料了，坚果、曲奇都成了添加物。吃的场所和方式也发生了变化，你很少见到时尚男女举着雪糕走在大街上，边走边吃了，一般都是年轻人三三两两，坐在冰淇淋店里或者休闲吧里慢慢品、慢慢聊。

这其中就有我们熟悉的哈根达斯，一个哈根达斯冰淇淋球就可以卖到 45 元，还有很多有着各种各样时尚名字的哈根达斯品种，卖到 200~300 元。这对于绝大多数年轻女孩来说，价格真的不菲，想吃不舍得买怎么办？厂商就将购买者转移到她们的男朋友身上，于是就有了"爱她，就给她买哈根达斯"这句经典的广告语。

> 所以做品牌，要学会"看山是山，看山不是山"，每一个阶段要把握住品类的本质属性，围绕本质属性去设计产品、营销产品。

同时，还要时刻关注品类本质属性的转移，当本质属性发生变化的时候，一定要重新调整企业的战略和产品的营销策略，这样才能始终站在市场的前沿。

06

**核心竞争力是什么？
一根草造就一个世界独一
无二的地方**

什么是核心竞争力？多数人会想到拳头、大棒等硬实力，或者高大尚的阅历和标签。普罗旺斯放弃了做梵·高的第二故乡，放弃了做地中海的金融之都，却用一根草构建了自己的核心竞争力——薰衣草，打造了世界上独一无二的浪漫之乡。核心竞争力是企业安身立命之本。企业如果拥有一个支点，就可以撬动整个地球。

前面我们说了赞伯3+1金钻战略模型的三个关键要素：机会、未来、刚需。根据这三个关键要素，我们通常可以找到企业可能的三个战略选择，但是选择哪一个？最终取决于我们企业的核心竞争力和企业家的源代码。这节我们重点聊聊赞伯3+1金钻战略模型中的"1"——企业的核心竞争力。

什么是企业的核心竞争力？就是企业的安身立命之本。提到核心竞争力，大多数人会想到"拳头、大棒"等硬实力。比如某个企业老总说，我账户上有2亿元资金；还有的老总说，我有300多项国家专利；热衷学历的企业家会说，我的团队都是精英，最低也是硕士。大家看，这些企业的竞争力是不是很硬？好像真的是天下无敌了，其实这些不见得是你的核心竞争力。

核心竞争力不是一眼能看穿的，它关系着企业的战略方向，关乎未来，说严重一点，是你的身家性命。

账户上有 2 亿元的企业家，如果没找准核心竞争力，盲目扩张，投广告，那么面对行业的挤压和围堵，也会举步维艰，坐吃山空。

拥有 300 项国家专利的企业，如果轻率试水，没有制定契合市场需求的战略，欠了银行几千万元，还是会面临上被告席的危险。

养了一群博士、硕士的企业，如果天天纸上谈兵，不接地气，最后很有可能落魄到靠卖房补贴开支。

怎么才能找到正确的核心竞争力呢？

最重要的是要有切割的思维，这也是我为什么几十年来一直强调切割营销的原因。我先给大家分析一个很少有人知道的营销案例，这是来自国外的不起眼的、但很经典的故事。

在法国东南部有一个地方，许多情侣都喜欢去那里拍婚纱照，在大片的薰衣草中留下自己幸福的痕迹，这个浪漫的地方就是普罗旺斯。

普罗旺斯全名应该叫"普罗旺斯——阿尔卑斯——蓝色海岸"，是法国的一个大区，下面还管辖着好几个省。说起普罗旺斯，大家往往只会想到薰衣草，但其实这个地方的文化艺术乃至现代工业都非常发达。

比如天才画家文森特·威廉·梵·高（以下简称"梵·高"），就曾经在这里生活过一段时间，就是在这里，梵·高的画作走向了成熟热烈，拍卖市场里上亿美元的《向日葵》系列，也是梵·高在普罗旺斯的小城阿尔勒创作的。在普罗旺斯生活的岁月，是梵·高创作最阳光、最热情的阶段，为世界留下了很多珍贵的艺术经典。另外，大名鼎鼎的保罗·塞尚、克劳德·莫奈、巴勃罗·毕加索，都曾经在普罗旺斯展开自己的艺术人生，说普罗旺斯是艺术家摇篮也不为过。

除了艺术，普罗旺斯还有高度发达的社会经济，金融业、科技工业都很发达，大都市马赛就是代表。然而，当我们提及普罗旺斯这个名字的时候，脑海中出现的并不是世界名人和大都市，而是紫色的、温馨的薰衣草。

这是普罗旺斯营销很有趣的现象。放弃那些重要的优点不说，偏要说一个原本并不知名的植物，这不是舍本逐末吗？按照我们现在很多企业家的逻辑，普罗旺斯应该怎么营销呢？我们假设一下：

一定有人喊，梵·高的第二故乡！毕加索学会画画的地方！地中海金融之都！科技海岸！阿尔卑斯下的花环！

我们看，是不是这样的口号充斥着当前的社会？已经要审美疲劳了？

但是法国人不糊涂，他们没有走世俗的套路，而是运用了切割营销的智慧，让普罗旺斯在切割中找到了自己真正的核心竞争力。

现在很多地区的营销都喜欢抢名人，什么故居啊、家乡啊、坟冢啊。抢了名人还要争产业，各种龙头产业你争我抢。

我们看普罗旺斯，非常聪明，它不抢名人，因为它知道，抢梵·高它抢不过荷兰，你如果喊梵·高的第二故乡，荷兰都会笑话你，因为自己喊了第二，就把第一拱手让出去了。当别人听到你宣称梵·高的第二故乡的时候，自然会问，第一故乡在哪里？相当于免费为荷兰做推广了。同样的道理，抢毕加索抢不过西班牙，所以它不抢。

那经济方面呢？马赛，是法国大港，地中海沿岸大都会，喊出个金融之都、科技海岸的定位行不行呢？我说，不行！论经济论科技，马赛比不了巴黎，比不了巴塞罗那。

普罗旺斯很巧妙地切割了自己的优势，另辟蹊径地选择了一根草，作为自己的核心竞争力——薰衣草。为什么选择薰

衣草而不是著名酿造红酒的植物——葡萄呢？

要知道普罗旺斯的葡萄酒也是非常著名的，享誉欧洲的波尔古城，还有让人流连忘返的罗纳河两岸的酒庄，发展得都非常成熟，但是普罗旺斯很冷静地否定了葡萄酒的定位。为什么？

因为太多了，玩葡萄酒的地区在欧洲比比皆是，与自己毗邻的波尔多，正是著名葡萄酒区，此外还有西班牙、意大利等地中海沿岸地区，葡萄酒庄园的竞争早已白热化。普罗旺斯如果加入其中，必然被埋没。

通过层层分析，普罗旺斯确认了把薰衣草产业作为自己的核心竞争力，与之相应的，大力推广情侣浪漫旅行、夫妻蜜月度假、熏香制品，甚至是薰衣草本身。

普罗旺斯在这个核心竞争力的指引下，制定了符合自己发展的唯一战略方向，并着手展开特色产业的培植，开辟了多维立体的产业链，打造了以浪漫主题为旗帜的现代美学乡土产业集群。

我们看，在这个框架里，法国南部依山傍海的天然风景，变成了昂贵的消费产品，而在一些不适合生长优质葡萄的土地上，当地农民种薰衣草的收入一点也"不羞涩"，再加上香水、精油等数不清的女性用品，其产值要甩红酒几条街了。

经过多年的营销传播，薰衣草已经与普罗旺斯绑定在一起，好像除了这里，别的地方长的薰衣草都是假的一样。

另外告诉大家一个秘密，如果大家有机会去普罗旺斯玩，一定要尝一尝当地的茴香酒，是普罗旺斯本地特产，其实，这才是当地真正的传承，但它不适合作为核心竞争力，所以普罗旺斯人不宣传它。都说法国人浪漫，其实人家更会做营销。

因为营销做得好，一根草造就了一个世界上独一无二的浪漫之乡。

还有一种情况是，核心竞争力挽救企业于危难之中，让企业起死回生。

1993 年，82 岁高龄的 IBM 像是得了老年痴呆症，陷入了亏损 160 亿美元的泥潭。我们想想，160 亿美元，在 20 世纪 90 年代初，那是多么大的一个天文数字啊，往日威风凛凛的蓝色巨人一下子沦为了没人理睬的乞丐。IBM 总裁的宝座竟然无人愿意接手，眼看这个庞大的商业帝国就要土崩瓦解，这个时候，一个传奇人物出现了。

他并不是光环显著的名人，也不是商业巨子，他叫路易斯·郭士纳，在就职 IBM 之前，他几乎完全不了解计算机，他的上一份工作职务是烟草和饼干生产商的管理者。我们看，郭士纳完全是个门外汉，是外行"赶鸭子上架"地指挥内行。当时几乎全社会都不看好他，很多人嘲讽说，郭士纳是去给 IBM 收尸的。

然而，很多人没有看到郭士纳惊人的营销素质，他是 20 世纪 90 年代全世界顶级的营销大师之一。在他刚进入 IBM 的时候，高管层主张将 IBM 的业务拆分，以减小运营压力，增强灵活性，获得更多的市场机会，但郭士纳坚定地否决了这个主张。

他认为：IBM 的核心竞争力并不能简单地归于技术，而是专业的、完整的、系统化的服务，尤其是针对政府、大型企业和组织提供的专业解决方案，这是 IBM 最重要的、优越于其他竞争对手的核心力量。

郭士纳力排众议，坚定地保持 IBM 的完整性，这对 IBM 的市场发展和内部改革都有重要意义。因为保持了完整性，所以 IBM 可以继续在大客户市场发挥优势，继续发展为大型企业和组织提供专业解决方案的业务，同时由于高度整合，IBM 的完整性加强，使得企业内部的小王国、小组织被消灭，降低了内耗，提升了企业运转的效率。

郭士纳能让蓝色巨人起死回生，关键是看清了 IBM 的核心竞争力，并以此为基础制定了最适合的战略定位和发展策略，让 IBM 成了百年名企、世界强企。

07

找到企业家的源代码
——家电世界里的猛虎和狼王

如果说核心竞争力决定企业的战略定位，那么什么决定企业的战略路径、战术风格呢？是企业家的源代码！张瑞敏的狼王精神是海尔发展模式的决定因素，董明珠的猛虎风格，让我们相信她一定能带给大家另一个惊喜，当然也没准是惊吓……你觉得美的何享健的源代码是什么？

如果说企业的核心竞争力决定企业的战略定位，那么企业的战略路径、战术风格是由什么决定的呢？

为什么我们总能看到格力的总裁董明珠抛头露面，而很少有人知道美的的老总是谁？为什么海尔会有覆盖全国的数千家服务中心？为什么格力总喜欢抛出新概念呢？

曾经有一部刘德华主演的电影，叫《大块头有大智慧》，这个用在企业上真的很有道理，大块头企业，必须有大智慧。

这个企业智慧，表现为企业的战略路径选择、推进以及扩大联动。我们先玩一下穿越，回到 20 世纪，回到 1985 年，那个物质并不富裕的年代。

炎炎烈日炙烤着大地，如果家里能有一台冰箱，那绝对是幸福的标志，然而，一位刚刚把冰箱搬进家里的居民，却发现冰箱有些小毛病，虽然不影响制冷，但很难接受价格 800 元的奢侈品有瑕疵的事实，于是他找到了冰箱厂家投诉。

在那个年代，质量投诉不像现在这样普遍，于是这个事情很快传到企业一把手的耳朵里。这位老总雷厉风行，解决消费者问题后立刻清查库存，结果库存的 400 多台冰箱，竟然有 76 台存在各种各样的小缺陷。老总脸色很难看，问职工该怎么处理这些问题冰箱。

当时普通职工一年的工资也就 800 元左右，一台冰箱 800 元，所以有些职工就说了，这 76 台冰箱的质量没有大问题，不如便宜点，卖给职工，就当是福利了，还能挽回损失。这个想法立刻得到大家的赞同，毕竟都是穷人，能花低价买个奢侈品是非常开心的事情。

试想一下，假如现在半价卖给你一辆没有大问题就是天窗不好使的宝马，你高兴吗？你当然高兴啊，你巴不得厂里年年有这样的小瑕疵产品出现，然后大家一起捡便宜是不是？

这位老总看穿了职工的心思，他也心疼这些产品，毕竟他是总负责人，但他此时做出了一个非常冷静明智的决定，在当年看来这个决定甚至是疯狂的——开一个全体大会，在会上把问题冰箱当众砸掉，而且是每台冰箱的生产负责人亲手砸！

这么残忍？没错，就这么残忍，这个残忍的老总就是海尔的当家人张瑞敏！虽然砸冰箱很残忍，但收到的效果很好，海尔提高了质量意识、强化了管理、树立了品质形象，海尔正是从这个转折开始，由一个青岛电冰箱厂，成长为中国家电巨头——海尔集团。

我们看，张瑞敏是不是像狼一样冷静、果敢和严厉，带着残酷的坚毅风格，力排众议砸毁了价值数万元的冰箱，张瑞敏本着狼王精神，把海尔带领成了能作战、守秩序、求效益的狼群。

为了扩大市场，海尔在全国开设了数千个服务中心，为顾客提供技术和售后服务。试想一下，这数千家门店，假如没有张瑞敏强力的管控和规范，可能就是一盘散沙，很多跨国企业也未必能做好这么大规模的服务网络。

所以说，以服务传播品牌，以服务创造价值，是只有海尔才可以走得通的战略路径。今天在"互联网+"时代，张瑞敏再一次毫不犹豫地剔除中层干部，创造了"人单合一"的平台化战略发展路径，如此彻底的变革，也只有海尔可以做到。

> 　　张瑞敏的狼王精神是海尔发展模式、战略路径的决定因素，在我们的营销体系中，把这个叫作企业家源代码，就是企业家的性格、修养和行为模式。

　　接下来，我们再来聊聊格力的总裁董明珠。近两年来，可谓风光无限，抢了不少头条。格力手机开屏画面就是她本人的照片，真是开创了手机行业先河，连苹果的创始人乔布斯也不敢这么高调。虽然褒贬不一，但格力手机在品牌传播上占据了一席之地，可见董明珠是个形象走在行动前面的人。

　　她还有一句名言："我从来就没有失误过，我从不认错，我永远是对的。"这句话超级自我、超级自信，也超级自负，但董明珠说出来，似乎并不讨人嫌，反而有一种铁娘子的气概。这是为什么呢？

　　原因还是在企业家源代码上，根据我的分析，董明珠的商业性格是老虎，虎啸山林，震惊四野。她与张瑞敏不同，张瑞敏带领团队埋头做事，董明珠喜欢发布状态，她的言论、她的活动经常在各种媒体、网络曝光，像明星一样在镁光灯下渲染格力的企业文化和产品。我们想想，老虎虽然具有攻击性，但是形象还是很招人喜爱的。

　　有这样一个故事，格力的业务员按照常规接收了一批供应商的产品，结果发现这批产品不合格，于是拒收，供应商很恼火，软磨硬泡，还采取了人身攻击，业务员报告给自己的上司，但这个上司却没有正面处理这件事情，轻描淡写地告诉业务员"注意安全"。这个情况被董明珠知道了，她亲自操刀，解除了那家供应商的合同，还把那位不作为的上司直接免了。

　　我们看，董明珠无论是对外的市场营销，还是对内的企业管理，她的作风，都是猛虎一般，从不犹豫，也毫不留情。格力，就是她头顶的"王"字，但凡对格力有益的，她都全力去做；但凡危害格力的，她都第一时间坚决抹除！狠辣作风犹如老虎。格力这些年在董明珠的虎式发展中，争夺了巨大的市场份额，在变频领域独占鳌头，很多家庭愿意花高价购买格力的空调。

董明珠称王空调行业十年之久，现在又做了手机，还要做汽车，董明珠的猛虎风格让我们相信，她一定会带给大家另一个惊喜，当然也没准是惊吓，总之格力总会有成果送给社会。

前面我们讲了两个家电大佬——狼王张瑞敏和猛虎董明珠，接下来这位更加神秘，美的的创始人——何享健。他的源代码是什么？知道美的的人很多，但知道何享健的恐怕真的很少，因为这位老总太低调了。

假如用QQ做比喻，那董明珠的登录状态是"找我聊天"，张瑞敏的状态是"现在忙"，而何享健是"万年隐身"。

美的创建于1968年，至今已经发展了近50年，几乎是走过了半个世纪，经历了中国经济改革，在那个年代诞生，一路走来风风雨雨，如今做到上市，做到全国数一数二的综合性家电企业，美的真的很神奇。

神奇的企业背后，自然有一位传奇老总，不爱说话，埋头做产品，这似乎是美的的属性了。我们看，这样的领导者源代码，是不是相当稳健，假如换做董明珠的方式，美的大概挺不过那段风云年月，更不会有现在的成就。美的的发展是多方面的、多元化的，金融地产样样沾，而且有声有色。

那何享健的源代码是什么呢？假如比作一种动物，像什么呢？雄鹰？还是蓝鲸？这个问题就当作我给大家的一次练习题吧。

那么，你的源代码是什么？

如果你已经明确自己企业的战略定位和目标，那么你会选择怎样的路径实现战略目标？你可以选择从山的正面迎着敌人的炮火爬上去，也可以从山背面的丛林中隐秘突袭，还可以选择从山的侧面迂回慢行，所有这些都取决于你的源代码。

机会、未来、刚需、企业的核心竞争力和企业家源代码构成了赞伯3+1金钻战略的四大元素。

08

所谓成功：本质上争的就是一个身份

什么是身份？就是人与人的分别！每个品牌、每个人都应该有一个身份！一个洗车工有身份吗？有！洗车之王！创造一次洗车5万元的天价纪录！任何人、任何企业、任何组织……要想成功，一定要争取到一个属于自己的身份标签，在消费者心智中建立第一和唯一的认知。

前面几节我们主要讲了赞伯3+1金钻战略模型的四大元素，并且遵照这四大元素制定了企业的战略方向，那我们应该如何表达企业的战略定位呢？

战略定位的宗旨：不做第一，就做唯一。

所谓成功，本质上争夺的就是一个"身份"。

我们经常会接到这样的应聘简历。

你是谁？我是张三。
你是谁？我是个男的。
你是谁？我是汉族人。
你是谁？我今年24岁。
你是谁？我是本科学历。

你是谁？我曾经留学美国。

你是谁？我英语六级，计算机三级。

你是谁？我获得过最佳运动员的荣誉。

你是谁？我很勤奋，我非常想得到这份工作。

......

前面一大串的信息重要吗？在我看来，这种简历就是一张废纸，只是信息的罗列！我们不妨换位思考下，人事经理在看简历时，最想获取什么信息？无非就是这两点：

第一，你是谁？

第二，你能做什么？

多少大学生读了 4 年本科，连自己是谁都说不清楚！

如果我们都无法清楚地表述自己，别人就更无法了解你了！

所以营销的第一步，就是搞清楚"你是谁"，就是你的身份。

那么"身份"是什么？

身份 = 身 + 份

身份的"份"怎么写的？

左边是"人"，右边是"分"，"身份"就是"人与人的分别"！

而人与人的分别，是由他的属性和价值构成的。

茅台的属性是白酒，那茅台酒的价值与普通白酒有什么不一样呢？茅台是高级宴请时喝的酒，其他白酒是普通聚会时喝的酒，"国酒茅台"就是它与众不同的价值。

那是不是只有茅台、五粮液这样的高档酒，才能有身份呢？普通的白酒、普通的人，就没有身份吗？每个品牌、每个人都有属于自己的身份！而营销要做的就是找到它，并将其放大！

我想问大家一个问题：你们觉得一个洗车工有身份吗？

相信很多人都会说："路老师，洗车工能有什么身份？没有技术含量，再有身份，不还是一个洗车工嘛！"

这你就错了！你说的是收费30元、没有洗车技术的洗车工！

而一个有身份的洗车工，你猜收费是多少？5万元！而且还是单次！收费这么贵，居然还要排长队！

你们肯定在想，路老师，你在编故事吧！哪个洗车工能做到？

大家还真别不相信，这样有身份的洗车工，还真有！

在英国萨里郡，有个叫保罗的洗车工，他堪称世界上最会洗车的人！他洗一次车要花3~7天，收费7700美元，约合人民币5万元。普通的车他都不洗，只洗高级轿跑、豪车。

他是"洗车之王"，是全球最专业的豪车洗车工！而这就是他给自己的定位，是他有别于其他洗车工的身份！

正所谓没有定位，就没有地位，没有身份，就没有名分！

那么，"洗车之王"这个身份哪来的？当然是他自己给自己定的。就像"国酒茅台"这个身份，也不是国家给茅台定的，是茅台自己说的！

所以要想成功，首先给自己一个身份。

给了自己一个身份，就能坐等成功了吗？

你说自己是全球最专业的豪车洗车工，每洗一次车要收费5万元，别人就让你洗吗？除非全世界的豪车主都人傻钱多！

我们来看看，有身份的洗车工——保罗是如何做的？

普通洗车工，用8元一瓶的洗洁精，给你洗车。保罗为了去除车身油污，而又不伤害豪车娇贵的车漆，特地研究出一种高级清洗剂，每公升7500元，用这种高级清洗剂洗车，可以保持车漆完好如新！

普通洗车工，用水枪一通乱扫，用破布、破衣服一顿乱擦就结束。保罗用上千万的洗车工具，根据不同的车型，根据他几十年洗车摸索出来的经验进行水压的调整。擦车的软布也是他经过筛选的，这种布充满了黑科技，保证不掉毛絮。洗完车后，还要用专业工具涂上 6 层蜡，再手工涂上一层蜡。最后的最后，还用专业宝石鉴定仪 360 度无死角检查，确保豪车光洁如新、完好无损！

普通洗车工，洗个车也就十几分钟、半小时，而保罗这一整套工序下来，要花费 3~7 天的时间！正是这一步步专业化的操作，奠定了保罗"洗车之王"的身份！

所以说，给自己身份的同时，还要有相应的能力，来匹配巩固这个身份认知！俗话说"好马配好鞍"，上千万元的豪车，怎么能去普通洗车店，花 30 元忍受一通乱洗呢？车主自然会心甘情愿地奉上 5 万元，给自己的爱车一次皇帝般的待遇，而不再送到普通洗车店。

所以，任何人、任何企业、任何组织……要想成功，一定要争取到属于自己的身份标签，并不断强化这个身份标签，在消费者心智中建立第一和唯一的认知，并且用差异化的产品和服务打造与身份匹配的核心价值，名至实归。

09
品牌世界没有真相
只有认知

丘吉尔说过一句名言："这个世界的真相是什么不重要，我让人民认为的真相才重要！"面对海量的产品竞争，企业要把产品卖出量，卖出价值，一定要构建一个别人对我们产品的有效认知。让别人认为我们的产品好、我们的产品价值高，比产品本身好、本身价值高更重要。

为什么呢？你看普通人，尤其是那些生活在社会底层的人，习惯较真，什么是真的？什么是假的？而真正的高手，从来不会在真假方面费功夫。

我的一个朋友投了美图秀秀，据说赚取了好几十倍的利润。有一次我和他聊天，我就调侃他说："你投了全世界最大的'造假产业'！"

他疑惑地说："什么叫'造假产业'？"

我说："美图秀秀是干什么的？女孩子把照片修啊修，你感觉修出来的东西是真的还是假的？显然是假的嘛！我们说日本女人的美是化妆品画出来的，韩国女人的美是整容整出来的，而中国女人的美是美图秀秀修出来的，美图秀秀挣了那么多钱，市值那么高，你说它是真的还是假的？"

所以，我告诉大家：**品牌世界没有真相，只有认知。**

换一句话讲就是：只要构建一个消费者对你产品有利的认知，那你就成功了。女孩 7 岁就开始对化妆品感兴趣，一直到 70 岁，这 60 多年一直坚持在脸上涂呀涂，但是化妆品是什么？是精细化工啊！化妆品企业会给你讲很多的概念：美白因子、保湿因子、抗皱因子、新生因子、肌龄逆转……女人听了就很心动。为什么？

化妆品的本质属性：女人美丽的幻觉。

女人是否变美，是否逆龄生长，不重要！重要的是女人认为她用了化妆品就变美了。

我们非常熟悉的一句广告语：钻石恒久远，一颗永流传。

情侣结婚的时候，女士都期望男友送她一个钻石，象征着永恒的爱情。这时候，这个男人到底爱不爱自己，无法考证，也无暇考证，因为女人在接过这枚钻戒的时候，几乎都相信自己拥有了一生的爱情。

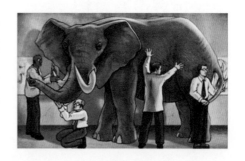

这个世界没有真相只有认知，是哲学上面一个非常重要的结论，我们每个人都用自己有限的时间、有限的视野、有限的经历来探索这个无限大、无限变化的世界，那么每个人对这个世界的认知就好比盲人摸象，都是不一样的。

不同出身、不同经历、不同年龄、不同信仰的人，倾其一生对于这个世界的理解都是不一样的。

所以在品牌世界里，面对海量产品的竞争，企业要把自己的产品卖出量、卖出价值，就一定要构建一个别人对我们产品的有效认知，让别人认为我们的产品好，我们的产品有价值，这比我们产品本身好、本身有价值更重要。

10

营销为什么要 1/2 切割?

市场细分遵循 1/N 法则,把一个市场从 1 裂变成 2、3、4、5、6,一直到 N,越分越小,然后定位其一,这是常人思维。成功的人一定要善于定义,敢于分类。选择一个标准将世界一分为二,把所有对手归入西半球,你独占东半球。1/2 切割是中国哲学思想在营销中的应用,是创造大品牌的智慧武器。

成功就是争夺一个身份,品牌世界没有真相,只有认知。那么如何定位自己的身份,如何构建世界对我们的认知呢?

这就是我要传递给大家的用我 20 多年营销实战经验总结出来的——切割营销!而最有效的切割营销就是 1/2 切割大营销。

很多企业家觉得切割营销在实践中非常好用,还有很多企业家一直在问:切割营销和市场细分到底有什么不同?

> 市场细分遵循 1/N 法则,是把一个整体市场不断地划分、划分、再划分,从 1 裂变成 2、3、4、5、6,一直到 N,越分越小,然后定位取其中之一。

比如饮料可以分为水、果味水、汽水、碳酸饮料、果汁饮料、果蔬饮料、茶饮料、维生素饮料、乳饮料、植物蛋白饮料、运动饮料、能量饮料等十几个大类，每一大类又分为若干个小类，这样整个饮料品类可以分为 100 多种。按照这种细分的方法，即使创意出第 101 种饮料，如果没有大品牌、大渠道、大资本，怎么可以出头？所以行业中一直有一种说法——饮料是大企业玩的。

> 市场越细分，边际效益越低，创造品牌和销量的成本越高。你可能会说，我做小而美呀？小了，没有成本优势，就必然贵，所以，这世界上没有小而美，只有小贵美，如果你做小贵美，除非你的产品是稀缺品，或者是奢侈品，否则根本卖不出去。

市场细分理论源自西方第二次工业革命之后，与手工业时代相比，机器生产大大提升了生产效率，降低了产品成本，使人们的购买力大大提升；科学技术的应用提高了创新能力和创新速度，产品从同质化走向了多样化，引爆了个性化需求，市场出现了细分，每创新一个产品投向市场，就会让市场裂变一次。谁具有先发优势，谁投向市场的创新产品多，谁就能占领最大的市场。

提起细分，宝洁公司是当之无愧的高手。宝洁依靠蜡烛和肥皂起家，伴随着工业革命的发展而壮大。宝洁公司的第一款工业化生产的肥皂叫象牙皂，它洁白无瑕，纯度达到 99%以上，还可以飘在水中，一上市就产生了轰动效应。

但是宝洁并没有停止脚步，在 1890~1945 年，

创新和销售了 30 多种不同类型的肥皂，也就是说占领了 30 个细分市场，让后来者很难超越。

所以，市场细分只适合产品供不应求的阶段，只适合先入者，而不适合后来者。当你今天不得不面对一个供过于求的市场，作为一个后来者，你如何创造第一和唯一？如何创造品牌和销量？

- 你必须放弃西式市场细分理论，打破细分的格局，选择一个标准将市场一分为二，把所有的对手放入西半球，你就属于东半球。
- 这就是切割营销。而最有效的就是1/2对立切割的法则即1/2切割大营销。

怎么能找到那个标准呢？你们见过地球仪吧，你任意选取一个纵向的经度线，就可以把地球一分为二。

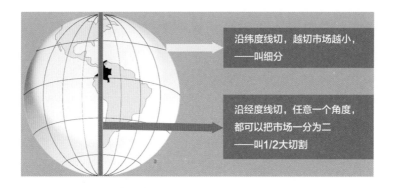

沿纬度线切，越切市场越小，——叫细分

沿经度线切，任意一个角度，都可以把市场一分为二——叫1/2大切割

我认为：成功的人就要善于定义，敢于分类。

政治、经济、技术的革命从来没有停止过，每一次革命都会成就新的政党、新的经济体、新的生产和生活方式，只有敢于重新划分世界、变革世界、定义世界的人或者企业才能成为领袖。

细分是被动的，切割是主动的。

细分是划格子，有 100 个产品时我做第 101 个，也就是找个小池塘，独立生存。切割是主动的，一刀将这个世界切割成为对立的两个板块，非此即彼，非男即女，非南即北，非富即贫，非大即小，非乐即苦……把对手统统逼向一侧，你成为另一侧的第一。

细分是生存之道，切割是发展之道。

当我的实力不够的时候，当我不敢做大事的时候，就玩一个小买卖，细分到极致就是趋于 0。切割属于发展之道，切割到极致是一统。

强者之所以成为强者，是因为他有强者的逻辑思维，1/2 大切割是一种非常强大的营销方法。

我们的一个战略合作伙伴叫洋河蓝色经典，它就是运用了 1/2 切割大营销的原理把白酒从"茅五剑"，变成了"茅五洋"，从而成了中国销量最高的白酒，超过了茅台和五粮液。

1000 多年来，中国白酒就是按照：酱香、浓香、清香、兼香四大香型划分的。如果按照香型划分，洋河就是属于浓香型白酒的一个支流——浓香淮阳系，大家都知道整个四川就是浓香型白酒的大窖池，还有五粮液、泸州两大巨头疯狂地争夺全国市场，按照这样的划分标准，洋河哪还有什么竞争力？

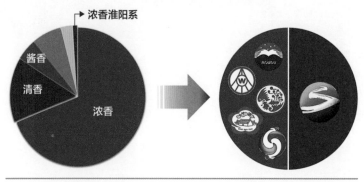

打破旧秩序，才能建立新秩序。重新定义，重新分类。

洋河重新建立市场切割的标准，不再按照香型划分市场，而是按照口味重新定义市场。一刀将中国白酒市场切成两块，一块叫绵柔健康型，一块叫传统辛辣型，洋河将自己定义为中国绵柔白酒领袖。

> 1/2 切割大营销是中国哲学思想在营销中的应用，善于分类，敢于定义，才能成就一个大品牌、大产品。

11

真理的背面还是真理

技术不够领先，品质也不够好，是不是就不能做品牌？蔡伦造的纸好，大受欢迎，为什么哥哥蔡莫造的纸差，也效益倍增？真理的背后还是真理！是令人脑洞大开的营销哲学。就好比爬山，你可以从正面最陡峭最短的路上山，也可以从背面最平缓最长的路上山，选择哪条路，取决于你的核心竞争力。

很多企业家朋友问："路老师，如果我们的产品技术不够领先，品质也做不到最好，是不是很难做品牌呢？"

任何真理都有其两极性，一极有效，另一极一定也有效！所以，真理的背面还是真理。

先给大家讲一个小故事。

大家都知道东汉的蔡伦改良了造纸术，让纸张流行起来。蔡伦呢，也通过这项技术赚了不少钱，生意很兴隆，用现在的话说就是创业成功，走上了人生的巅峰。

蔡伦有个哥哥叫蔡莫，看到弟弟通过造纸致富

了，他也心动了，跟媳妇商量模仿蔡伦造纸。可是蔡莫没有技术还想着快点发家致富，结果造出的纸张又粗糙、又难用，卖不出去，就积压在家里。

蔡莫不但没有发家致富，还把家底都押进去了。遇到这种情况该怎么呢？有人出点子，提高造纸技术，造出高质量的纸，就有人买了。

这种说法也对，但是蔡莫这个人不像他弟弟那么爱钻研，于是他们就打起了歪主意，一天晚上，她媳妇慧娘突然想到一个鬼点子。

第二天，慧娘装死躺在棺材里，蔡莫就号啕大哭，把乡亲们都吸引来了，一边哭，一边说："慧娘啊，都是我害了你啊，都是因为我造的纸惹的祸，我要把所有的纸都烧掉，再也不造了。"

一边哭，一边在棺材边上烧纸，蔡莫造的纸质量差，写字不行，但是烧起来还是很好的，易燃、烧得快。

没多一会，慧娘突然从棺材里起来了，死而复生了。乡亲们都很诧异，慧娘装腔作势地说："感谢丈夫送我的钱，我花钱贿赂阎王，阎王派小鬼帮我推磨，让我少受苦，又把剩下的钱都给了三曹官，三曹官就把我放了回来。"

蔡莫装着很诧异地说："我没有给你送钱啊？"

慧娘指着燃烧的火堆说："那就是钱，在阴间是以纸当钱的。"

蔡莫一听，马上抱了两大捆纸去烧给父母，说是让阴间的父母少受点苦。

从此，蔡莫也发家致富了，走上了人生的巅峰。

同样是发家致富，蔡伦是靠纸造得好，大受欢迎；蔡莫是纸造得太差，结果开辟了另一个市场，到今天我们还保留着这种焚香烧纸的传统。

提高纸张质量是常人都能想到的，蔡莫却善于洞察事物背后潜藏的战略机会，找到了真理背面的真理。

这个道理同样适用于企业管理领域。

采取多元化战略的 GE（通用电气公司）和 LG（韩国 LG 集团）取得了成功，走专业化路线的微软同样成了全球伟大的公司；宝洁的多品牌全分销策略覆盖全球，安利产品通过直销畅销全世界……

我们再来看一个国内的企业是如何用"真理背面的真理"走向成功的。

20 世纪末期，法国雅高、美国希尔顿等西方星级酒店纷纷进入中国，侵占中国星级酒店市场。他们拥有强大的品牌效应、资本实力和管理能力，一时间，中国星级酒店品牌集体陷入了惶恐和茫然。

让中国星级酒店惶恐的还有一个更深层次的原因：现代酒店管理源于西方，中国酒店的管理、环境以及服务都是在学习西方，比如西方酒店的会员式服务、私人管家式服务、五星级钻石服务。

突然，西方的师父来中国市场了，作为徒儿的中国酒店能不惶恐吗？

从一般常理来看，徒儿是斗不过师父的，更何况服务是一个系统工程，而这恰恰是中国酒店管理的软肋。非要硬上，必将是以卵击石。

那时候，很多中国星级酒店，就这样被"西方的服务理念"束缚了，主动投降，放弃了竞争，把酒店卖给了外国品牌。

那中国酒店真的没有机会了吗？我们真的要拿着西方酒店服务制胜的方法奉为圭臬吗？

当北京、上海、广州等大城市的酒店纷纷缴械投降的时候，来自山东省东营市的一个酒店老总，到北京来找我，探讨这个问题，希望能突破这种束缚，找到新生之路。

我就跟他研究，西方星级酒店的服务是做什么？怎么做？结果我们发现，它们主要围绕"客房"做文章，也就是说住宿服务是它们的核心竞争力。

它们为什么要这么做呢？

这个问题听起来很简单，但简单问题的背后往往隐藏着真理。

西方各行各业的品牌都有一个"路径依赖"的问题，就是说，它们的核心竞争力往往源自它们的起家之地。西方人住酒店往往最关注"住"的好坏，他们对"吃"的关注度比较低，所以西方星级酒店根据消费者需求来强调住宿服务。

但是我们中国人却不是，中国自古以来就讲究吃，你看我们古代的词语"满汉全席""饕餮盛宴""山珍海味""美味佳肴"等，全部说的是吃的事情。

在西方他们叫"Hotel"，就是宾馆、住宿的意思，到了我们中国却被翻译成"大饭店""大酒店"。

发现了这个问题后，我们就意识到，西方星级酒店忽略了一个需求，那就是吃。那些年住酒店，往往要跑到很远的地方吃完饭，再回酒店睡觉。即使有些酒店提供简餐，也以西式风格为主，难以满足我们中国人的需求。

> 当我们跳出西方人制定的酒店规则，就会清晰地看到了"真理背后的另一个真理"——虽然在服务方面，我们短时间内无法超越，但是在美食方面，我们确有绝对的竞争力。

这个酒店老总当机立断，抓住这个机会，利用自己中餐标准化的核心竞争力，开辟了一条阳光大道。

这个酒店老总叫张春良，他的酒店名称叫"蓝海国际大酒店"。蓝海凭借着美食特色走向了成功，如今蓝海集团已经拥有了 40 多家五星级酒店。

当一个真理被大家视为常识的时候，就到了"背面真理"起效的时刻。

> 中国的企业家，要有独到的眼光和过人的转化能力，敢于把真理反过来品味。大刀阔斧地进行改革，顶住惯有思维势力的阻挠和批评，坚持不懈地推动战略实施，这样才能开辟出一条新的道路。

比如说，LV、香奈儿等大牌卖经典时尚，卖的是原创、名贵、稀缺；Zara 和 H&M 等潮派卖快时尚，卖的是高仿、低价、种类。

比如说，方太、老板油烟机卖的是产品本身，年年比吸力谁更大，声音谁更低。比着比着就成了第一第二的品牌；可是有一个曾经名不见经传的小品牌，却告诉消费者，谁买我的油烟机，我年年给他家擦油烟机，而且是免费擦，后来擦着擦着就成了第三品牌，这个品牌叫樱花，别人卖油烟机这个产品，他卖擦油烟机的服务。

一年擦一次成本 100 元，5 年油烟机通常就会换新的，总共成本 500 元，其实羊毛出在羊身上，但是解决了消费者的痛点。

关键在于看似是擦油烟机的，其实是"商业间谍"，随时观察你家要不要搬家，有没有新的需求，再加上中国家庭热情好客的习惯，擦油烟机这项服务一定会成为企业的免费"活广告"。

真理的背后还是真理，是令人脑洞大开的营销哲学。

就好比爬山，你可以从正面最陡峭但是最短的路径上山，你也可以从后面曲径通幽但可能有野兽出没的路径上山。

选择哪条路径，第一取决于的你的核心竞争力，第二取决于你的坚持。

坚持多长时间？三年！

失败的企业可能是路径选择失误，因为他们经验太少！

但更多的是没有坚持。他们往往是一年换一个路径上山，结果三年后还在山底徘徊，这种企业往往是最聪明的、经验太多的企业。

> 一个企业不成功要么是经验太少，要么是经验太多！

真理的背后还是真理，选择正确的路径，坚持走三年，你一定会成功！

12

不是你想跑多快，而是为了生存你必须跑多快

行业领先，业绩持续增长，为什么最终还是倒下了？行业领先不等于行业老大，只有市场份额超过 20%，才可能是行业老大。不是老大，就不会对别人造成威胁，就随时可能被超越。不要以过去为参照物，而应该以目标为参照物，决定你奔跑的速度，不是你想跑多快，而是为了生存你必须跑多快！

做了这么多年的营销咨询，遇到很多企业家，他们经常和我说一些他们的困惑。

有人说："路老师，我们企业的产品很好，我们企业有使命、有愿景，我也懂得坚持，15 年来再难的事我都挺过来了，可是为什么现在还没有做大？甚至面临倒闭的困境？我非常努力啊！"

有人说："路老师，我们企业原来发展很快，销售额每年以 30% 的速度增长，可是近两年行业内窜出两个疯子似的企业，抢占了很大的市场，我们和其他企业的市场空间瞬间被挤压到很小，他们还大打价格战，搞得我们进退两难，没什么利润了。"

有人说："路老师，我之前一直以为自己稳坐行业老大的宝座，可是在我毫无防备的情况下，行业老大的位置被别的企业抢走了，还时时受到这个企业的威胁，我怎么这么倒霉啊？"

一个非常懂得坚持，一个增速看起来很快，一个曾经的行业领先，但他们都没有得到很好的结果，这是为什么呢？

先听我讲一个故事。

前两年有个企业家找到我，她是做电动车电池的。现在大家想到电动车电池，能想到谁？好像只能想到超威和天能，因为这两家的市场占有率加起来超过80%，整个行业到了双寡头垄断的地步。

但在十多年前，远远不是这样的格局。2005年，天能第一，超威第二且紧随其后，当时的昌盛电池表现也不俗，排名第三。前几名都咬得非常紧，她的企业也属于第一梯队。

但是到了2009年，电动车电池行业的格局发生了巨大的变化。超威与天能已经占据中国电动自行车镍氢电池的前两名，销售规模不分上下，合计超过35%，而第三名的市场占有率仅为8.4%。

短短4年时间，该行业呈现出明显的双巨头竞争格局，其他小企业的生存日渐艰难。超威和天能是怎么做到的？

从渠道建设到精细化运作，从超威区域管理的强化到天能声势浩大的经销商工厂体验活动，从品质优势到品牌优势，两家以做行业老大为目标，都跑出了让人震惊的加速度，占据了行业的有利位置！

有了前期的疯狂奔跑作铺垫，天能、超威趁着2012年的环保整治，顺势进行兼并重组及扩大产能，不仅抢夺了其他不达标企业退出的市场空间，而且通过降价来排挤其他企业，2000多家蓄电池企业，最后只剩下了200多家，最终形成了今天在电动车电池行业的垄断格局。

来找我的那家企业，曾经也活得非常好，位居行业第三，也一度对自己的增长速度十分满意，但万万没想到，行业出了两个如此疯狂扩张的企业，很多同行被逼退，自己的企业也摇摇欲坠。

通过这个案例，大家觉得他们困惑的症结在哪里？那就是他们忽略了这样一个事实：

从起点到终点，不是只有一家企业在奔跑。

从长远发展的角度看，不是你想跑多快，而是为了生存必须跑多快。

和你的过去相比，你很快，但以未来看，还是慢，你快，别人比你更快！

永远记住：不是只有你一个人奔跑的理想的路上

而之前所谓的行业领先，其实并不等于行业老大。只有市场份额超过 20%，才能有资格说自己是行业老大。否则就形不成抵御别人进攻的壁垒。

> 行业领先不等于行业第一；行业现在没有第一，不等于未来几年不会出现第一；你不当第一，别人就当第一；别人成为第一，所有优势就是别人的了。

如果到达 20% 的目标是做加法做出来的，当成为老大的那天起，将会改用乘法攻势，催生市场发生裂变式的反应。

因为有占据 20% 的市场份额和需求量大的优势，所以供应商愿意以更便宜的价格给你供货。

因为信任行业老大，所以供应商可能愿意把回款账期延长一倍。

因为依赖行业老大，所以下游客户更愿意和老大合作，而且愿意从有账期到没账期，现款现货。

因为崇尚行业老大，所以更多的消费者愿意把 60% 的机会购买老大的产品。

因为尊重行业老大，所以更多优秀的人才愿意去老大的平台工作。

所以，谁占有 20% 的市场，成为行业真正的老大，谁就有了势能，这种势能会迅速推动企业壮大。谁还能和老大比呢？

> 以终为始，以成为老大为目标，确定每年发展的速度，然后按照成为老大的节奏去奔跑。

如果按照这样的思维去思考和行动，即使你没有成为行业第一，也至少能有属于自己的一片天地，而不是当暴风雨来临时，在风雨中飘摇，除非你就没想长期发展。

个人的发展也是一样的。

不是你想跑多快，而是为了生存必须跑多快。

就像研究生入学考试，不是你过统招分数线就能被好学校录取。好的大学都是差额复试的，你不仅要过线，不仅要比原来的自己跑得快，还要比别人跑得快，这样才可以进入梦想的大学。

> 所以，不是你想跑多快，而是从长期看，为了生存你必须跑多快！不要以过去为参照，要以未来的目标为参照。永远记住，这个世界不是只有你一个人在奔跑！

愿所有的企业和个人都能以目标为参照物，跑出节奏，跑出速度，在赛场上所向披靡，成就梦想！

13

复杂的问题一定要用简单的方法处理

很多人喜欢用复杂的办法解决复杂的问题，结果一定是没有结果。干大事，一定要学会用简单的方法处理复杂的问题，才会效率高，针对性强，才可以落地生花。

我的一个朋友在 30 多岁的时候，相处了一个女朋友，他跟这个女孩子大概交往了 7 年，但是，越交往越觉得不太合适，到一起就吵架，每次都以不欢而散告终。

他就很苦闷，有一次和我在一起吃饭时，就跟我说到了这个事情，我说："既然不合适，那你跟她分手就行了嘛！"

他说："路老师，我都和她相处了 7 年了，我怎么能够用一句话就和她结束呢？我得找个理由吧，有什么理由呢？"

我跟他说："不合适就已经是结果了，还需要什么理由吗？感情的问题已经很复杂了，你再用复杂的办法去解决复杂的问题，你永远找不到头绪！"

他说："路老师，你觉得我该怎么办？"

我说："现在就拿手机给她打电话，告诉她你们不合适，分手吧！谢谢她以前陪伴过你的日子。"

他说："路老师，要是我说完了，她想不开跳楼怎么办？"

我说："你这就想多了，如果你说了分手，她就要去跳楼，更说明你跟她分手是对的，如果你和她结婚了，有点什么冲突，她就去跳楼了，那你这辈子就真完蛋了！"

他犹豫了一会儿，拿起来电话给他的女朋友打了过去，很艰难地说出了分手的这番话，说完汗都流下来了，放下电话，如释重负地叹了口气，吃完饭我就走了。

大概过了6个月，我又碰见了这个朋友，我就问他怎么样了？

他说："路老师，谢谢你当初帮我做出这样一个坚定的决定，让我打了那样的一通电话，我当时还忐忑不安，到后来才知道，分手后的第二天，人家就去海南旅游了一圈，在三亚还认识了她今天的男朋友。她给我发短信，邀请我参加她下个月的婚礼。"

很多人都是喜欢用复杂的办法解决复杂的问题，结果一定是没有结果。

所以大家记住，干大事的人，复杂的问题一定要用简单的方法去处理，这样才会效率高，针对性强，可以落地生花。

第四章

战略大成果

不管你拿到的牌多么糟糕，

基于现实的解决方案一定存在

01

一个小油种如何做到 50 亿元？

当年，长寿花三无一少：无品牌、无渠道、无团队，还少资金。我们用五大策略开创并引领了中国玉米油这个品类！所以，行业里有一种说法：中国食用油看玉米油，中国玉米油看邹平，邹平玉米油看长寿花。长寿花的成功证明：不管拿到的牌多么糟糕，基于现实的解决方案一定存在，什么是营销？营销就是不战而胜，营销是一个系统，营销同样需要匠心精神。

一些企业家找我说："路老师啊，我们的企业该怎么办呢？竞争那么激烈，我们没有品牌影响力，没有渠道，也没有多少资金，没有什么技术……"

这是一个"四无"企业，我通常告诉他们，你们一定要有一个信念：

不管我们拿到的牌多么糟糕，基于现实的解决方案一定存在。

我们拿到的牌可能并不是最好的，也可能是一手烂牌，但是没有关系，只要会出牌，我们都能得到一个很好的结果。

这瓶油是怎么回事呢？

有一次，一个学生跑来找我，拿了一瓶玉米油，在我面前一放说："路老师，你看我这瓶玉米油怎么样？"

我说："你肯定卖得不好！"

他说："为什么？"

我说："一看就是个小品牌，一个看起来就是小品牌的产品，怎么能卖出大品牌的结果呢？"

他说："路老师，你说得太对啦！我这个产品上市销售 3 年，最好的时候卖过 3000 多万元，现在一年亏 1000 万元，怎么办呢！请你帮我做个策划。"

这位就是山东省淄博市邹平县山星集团的王总。

听到这儿，也许你觉得这个玉米油策划没什么难度，不就是改改包装，提升一下形象吗？还真没有那么简单！因为今天你觉得玉米油是一个很多家庭都喜欢的油种，可是在 2005 年可没有那么多家庭这样认为。

出生于 20 世纪 60 年代、70 年代的人可能都有印象，小的时候，每家每人每月发 8 两油票，拿个玻璃瓶到副食商店，买副食商店的大桶里存放的散油。

当时，北方的副食商店大多供应大豆油，南方的副食商店供应的多是菜籽油，花生油根本不可能有，那时的花生太金贵了。北方的妈妈每次让孩子去打油，总是不忘冲着孩子的背影喊一句："先问是什么油？如果是玉米油，就打四两！"

为什么打那么少的玉米油呢？那个年代人们谈起玉米油就皱眉头，因为没有提纯技术，玉米油有股腥臭味。即使在那个缺油的年代，小孩们一吃是玉米油炒的菜也会噘嘴。大人们一边哄着一边训斥着说："有油吃就不错了，哪那么多事？"

1990 年以后，中国的油票陆续取消，食用油彻底商品化了，大桶散油也换成小包装食用油了，大豆色拉油、调和油、花生油先后上市。到 2005 年前后基本形成了三大派：金龙鱼调和油、福临门大豆色拉油、鲁花花生油。

特别是调和油品类占据了40%的市场份额。玉米油品类占比不足1%，还主要是被调和到1:1:1里了，纯玉米油几乎见不到。

所以，当王总来北京找我时，我非常迫切地问了王总一个问题，就是：玉米油不是有一种怪味吗？

王总说："现在都有提纯技术了，没有怪味了。"

我心里的一块石头落了地。

2006年，三星的核心业务是玉米脱胚芽的机器，脱了胚芽的玉米粒被拿去做淀粉了，玉米的黄金部位胚芽倒没人要了。三星就卖机器换胚芽，胚芽拿回来做玉米油。当时主要给金龙鱼和福临门提供大桶的玉米原料油，大概每年有3000万元回款，自己就有一条小包装生产线，长寿花玉米油一年的销售额为1000万元。

总结一下，当年的长寿花玉米油面对三大巨头，可以说是"三无一少"：无品牌、无渠道、无团队，少资金。

怎么办呢？

在接下来的2个月时间里，我就带领赞伯团队，用五大策略帮助长寿花开创并引领了中国玉米油品类！

第一大策略：差异化价值定位，建立玉米油第一品牌的地位。

如何找到差异化价值、差异化对手，还要顺应未来需求呢？

纵观食用油的发展历程：

第一阶段：大桶蚝油，满足食用油的基本功能：烹饪。

第二阶段：福临门为代表的大豆色拉油，卖纯，炒的菜不再黑乎乎，有食欲，把食用油价值提升到：色。

第三阶段：鲁花为代表的花生油，卖香，把食用油的价值提升到中国传统文化的核心：香。

第四阶段：金龙鱼为代表的调和油，卖1:1:1，把食用油的价值提升到：**营养**。

1:1:1 这个概念在 2006 年经济发展最蓬勃的时期被消费者广泛接受，这就标志着中国人从吃多、吃好到吃精的消费趋势已经到来。

营养也好，1:1:1 均衡脂肪酸也好，平衡膳食营养也好，金龙鱼一直传播的是个概念，而不是利益！消费者买的不是金龙鱼的营养，买的是 1:1:1 背后的利益，就是健康！

> 前进一步是先烈，前进半步是先驱。
> 战略方向重要，战略时机同样重要。

金龙鱼1:1:1的成功告诉我们，食用油未来的需求一定是健康。如果我们能定位健康，就会差异化三大品牌的价值，打开消费者心中的另一扇窗。

发现未来令人兴奋，但是长寿花玉米油能否肩负起健康的价值呢？

玉米油富含亚油酸、亚麻酸和维生素 E、低饱和脂肪酸，从营养上是健康的；玉米油是非转基因油，从原料上是健康的……我们总共找到了 12 个健康理由，并把它概念化、符号化，叫"健康 12 道，道道真品质"。

有了差异化的价值定位：健康。
有了健康的支撑点：健康 12 道，道道真品质。
长寿花的身份和地位就有了：中国健康第一油。
第一不让说，我们换一句话：长寿花，健康当家油。
当年还邀请了央视的当家主持人倪萍做形象代言人。

自此，将消费者的认知从玉米油能不能吃？玉米油有没有怪味？转化为玉米油等于健康油，长寿花玉米油等于健康当家油。

我们说不做第一，就做唯一，长寿花开创了健康的唯一，玉米油的第一，尽管当时只是一个小油种的第一。

但是，高手一出手就是第一，而不是从第十拼到第九、第八……最后到第一，除非前面的人故意让路给你，但那前面一定是陷阱。

第二大策略：构建认知壁垒，巩固玉米油的第一地位。

食用油行业的竞争特征是：同一品类的油种同质化比较严重，你要做老大，首先要向其他品类发起挑战，同时你还要建立壁垒，巩固在品类内部老大的地位。

鲁花说花生油香，别的花生油也香，所以鲁花必须创建 5S 物理压榨的标准，设立技术壁垒，领先于同类。

长寿花玉米油开创了健康食用油的先河，带动其他玉米油的跟随，但是如何保持领先，长寿花也必须设立一个壁垒。

什么壁垒？首先是认知壁垒。

消费者通常不知道玉米油是胚芽提取的，胚芽是玉米粒最黄金的部位，是营养精华集中的部位，别人叫玉米油，我们叫胚芽油，还不够！如何把胚芽这个词变成长寿花专属的？

我们就把长寿花玉米油，改为长寿花金胚玉米油，金胚顾名思义就是金胚芽，把金胚作为商标注册，变成品牌的无形资产。

并进一步增加一个价值壁垒：9颗金胚芽，1滴长寿花。

所以这些年过去了，其他玉米油品牌也从玉米油改成了胚芽油，但无论如何都无法超越金胚玉米油。

第三大策略：将缺点转化为特点，将特点转化为卖点。

虽然将玉米油升级为健康油，但别忘了消费者脑子中还存储着玉米油的坏印象，他们可以接受健康油，但是不会接受有怪味的健康油，所以还要转化他们的认知。

他们记忆中认为玉米油不香，有怪味。现在玉米油没有怪味了，可是一定不会像花生油那么浓香。

为什么不能像白酒一样定义油的香型呢？花生油是浓香的，长寿花玉米油就是清香的，这样缺点就转成了特点。那特点如何继续转化成卖点呢？

当时调研的时候，我们特别调研了不喜欢吃花生油的消费者。不喜欢花生油的人说花生油腻！吃多了上火，会长胖。其实他们这是把对花生的联想牵扯到了花生油上。

谈到玉米油，他们说玉米油比较清爽、不太香，不腻等，他们也是把对玉米的联想牵扯到了玉米油上。

我们就沿着消费者的联想，把长寿花金胚玉米油的卖点提炼为：

长寿花金胚玉米油，富含亚油酸、亚麻酸、维生素E，

清香不上火，健康不长胖。

把缺点转化为特点，把特点转化为卖点，这就是"三点营销"。

第四大策略：黄金比例价格定位，销量利润两手抓。

2006 年，鲁花花生油定价最高 90 多元，金龙鱼调和油定价为 60 多元，长寿花金胚玉米油怎么定价？

和鲁花一样高，显得有价值，获取利润？

和金龙鱼一样，定位人群最集中的购买价位，获取销量？

> **请大家记住一个价格法则——黄金比例法则。**
> **什么是黄金比例？就是0.618。**

一个标准的美女，从脚到肚脐，应该是人身高的 0.618。

消费者在购买商品的时候，也有这样的潜意识，看高价位，看低价位，最后买中高价位，所以从金龙鱼的 60 多元，到鲁花的 90 多元，其中的 0.618 黄金分割价位是 85 元左右，我们最终将长寿花玉米油的上市零售价定位在 88 元，比它原来的价格提高了 20 多元，这 20 多元就是初期运作市场、传播品牌的费用。

长寿花金胚玉米油能够成功，也有幸运的因素，就是鲁花和金龙鱼中间留了一个很大的价位空间。

第五大策略：定位对手，定位第一市场。

中国每个区域都有自己的饮食文化，食用油作为烹饪的一个载体，也就有了区域的分布特征，比如东北菜偏爱使用大豆油，华南菜、华北菜更偏爱使用花生油，华中菜、西南菜多为辣味菜，喜欢使用菜籽油，西北菜喜欢使用胡麻油。

玉米油作为一个小油种，没有被任何区域偏好和传承，所以市场是空白的。基于玉米油属于清香型油，我们认为它更适合江、浙、沪等华东区，这个区域的人普遍使用菜籽油和调和油做菜。

菜籽油和调和油恰巧都属于淡味油，跟华东清淡的饮食习惯比较搭，而且这个区域的人普遍喜欢健康的产品，再加上 2006 年菜籽油已被调和油替代，所以，我们就把长寿花玉米油第一年的核心市场定位在江苏省，外加长寿花所在地山东省。

第二年扩展到浙江省，第三年扩展到整个华东区。

五年后，长寿花全国分销服务网络建成，六年后香港上市。

赞伯五大策略创建了长寿花中国玉米油第一品牌。从一个小油种跳出一个大品牌，2017年的经营规模超过50亿元。

赞伯五大策略只是这个方案的一部分，总方案包括 7 部分 108 项。长寿花后来新上任的一位市场部经理问我们："你们是怎么做的方案，三年预测的数字跟后来实现的几乎一致啊？"

我想说，什么是营销？营销就是不战而胜。

营销是一个系统，营销同样需要匠心精神。

现在食用油行业中流传着一种说法：中国食用油看玉米油，玉米油看邹平玉米油，邹平玉米油看长寿花。

2010 年我们又帮助长寿花进行了品牌的第二次升级。

> 升级 1：把"健康"的品牌价值继续具体化、利益化。

消费者喜欢吃油，又害怕吃油。

怕什么？怕三高！

三高的对立面是什么？三低！

我们就把长寿花金胚玉米油的差异化价值

定义为：三低健康油。

哪三低？低脂肪，低热量，0胆固醇。

功能诉求：三低更健康。

情感诉求：长寿花，愿天下人健康长寿！

升级 2：把品牌定位从健康当家油，继续提升为玉米油的第一品牌。

定位语改成：中国玉米油，源自长寿花。

"源自长寿花"的第一层含义：

- 长寿花开创了玉米油品类。

- 长寿花是中国玉米油基地。

- 长寿花是玉米油第一品牌。

给大家分享这个案例，就是想告诉大家：

　　不管什么样的企业，在任何一个时间和空间节点上，总是能找到一个解决方案的，我们要坚信这个方案的存在，我们要把所有精力用在打好这手已经揭好的牌，而不是要抱怨手里这把牌不好。

02

为什么一个小接线板能卖到 50 亿元?

经常有客户抱怨：行业如何的不好，市场如何的乱，所以企业永远做不大。在我看来，没有不好的行业，只有不好的营销。公牛插座的"品牌价值化、渠道提速化、传播聚焦化"三大策略让其在竞争中突围，在一个永远长不大的行业，创造了一个永远成长的公牛，成为中国大行业、大企业不得不学习的案例。

经常有客户抱怨：我们这个行业如何的不好，我们的市场如何的乱，所以企业永远做不大。

那么我们来看看 2009 年中国接线板的市场状况：

- 市场容量 120 亿元，对于 4 亿家庭来讲，每家每年消费 30 元，你不能说大吧？

- 9 年过去了，今天的市场也只有 140 亿元，你不能说增长快吧？

- 没有什么技术壁垒，公牛所在的浙江省慈溪市就有几百家企业，你不能说竞争不激烈吧？

- 同样一个型号的插座，大一点的企业卖 25~100 元，可是很多小企业只卖 5~10 元，你不能说不乱吧？

■ 一个接线板可以用 5 年以上，和一个油烟机的寿命是一样的，可方太油烟机价格是 4000 元，你不能说不难吧？

如果你拿到这样一张牌，你会坚持打下去吗？你会坚持做品牌吗？

大家一定要记住：没有不好的行业，只有不好的营销。

2008 年的一天，公牛集团有限公司（以下简称：公牛）的董事长阮立平先生来到了我的办公室，当时年销售额不到 5 亿元。

阮总说："路老师，我们的处境是'前有狼，后有虎，中间还有群小老鼠'。整个行业竞争混乱无序，既有国际品牌西门子、松下，又有国内品牌突破、英特曼，中间还有一些作坊企业，品质良莠不齐，价格也很混乱。"

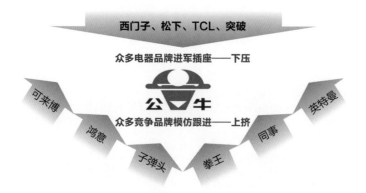

这的确是一个非常混乱的市场，但是，混乱恰恰预示着巨大的机会，混乱意味着产品需求和认知之间存在模糊不清的矛盾。

这是一个小行业大营销的案例。

需要从品牌、渠道、传播三个方向全面突破。

首先如何定义公牛品牌的价值？公牛接线板为什么比普通接线板贵 3 倍？

我们问公牛的阮总，阮总说："我们外壳材料好，我们用的全是新黄铜，还有我们的接线板内部的连接线比别人多一根铜丝。"

这是一个误区，我们总习惯跟消费者说：我们的材料好，用料足，真材实料。

有一次我去做入户大门的市场调研，一个客人进来问，你们的门怎么比去年贵了？

我就听导购员振振有词地说："去年门的厚度是 0.8 厘米，今年门的厚度是 1 厘米，所以价格提高了 20%。"

那个客户点点头，继续看门，突然他回过头来说："不对！今年钢材价格下跌了！"促销员无言以对。

我们不是做加工材料的企业，我们应该沟通产品的价值，比如你可以说我们的门是 5A 级防护门，或者说我们的门更坚固，可以多用 5 年。

好！中间加了一段小插曲，我们再接着谈公牛接线板。

我们如何找到公牛的差异化价值呢？

> 你想过吗？为什么家里的接线板更多是男人买？为什么接线板总是被放到一个角落里？为什么女人打扫卫生很少打扫接线板附近？
>
> 因为：害怕！所以接线板的痛点是不安全。
>
> 那么，公牛是否能解决这个痛点呢？

阮总说："公牛的外壳材料是抗阻燃工程材料。"

——我们定义为：**第一重防护甲：双向阻燃外壳，650度高温防火！**

阮总说："公牛用的全是新黄铜，插拔有弹性。"

——我们定义为：**第二重防护甲：强劲弹性，5000次插拔不松动。**

阮总说："公牛的连接线里面比别人多一根铜丝。"

——我们定义为：**第三重防护甲：低阻减热，长时间通电不发热。**

这样我们就把公牛接线板直接定位为：公牛安全插座。

安全插座的支撑点就是：三重防护甲，安全 +++。

安全的最终利益是什么？保护电器，保护人。

到此，就把公牛一个好产品的价值跟消费者沟通清楚了。

接下来渠道怎么突破？

接线板营销最难的是渠道。2000 亿元市场规模的饮料无非就是通过餐饮、超市、小店三个主渠道进行销售。可是 120 亿元市场规模的小接线板却散落在各种终端和批发市场里面。

五金店、灯具店、电器城、家电城、电子城、办公用品专卖店、百货店、大超市、小卖部、淘宝、京东，到处都有接线板，迄今为止，这可能是市场最小、终端最分散的品类。

如何归零为整？用快消品的方式销售慢消品，才能远远把对手甩在后面。取消省级代理商，设立城市经销商，变坐商为行商，深度分销到各种终端。

听起来很容易，但行动起来是很艰难的，毕竟这些老经销商（省级代理商）跟随公牛这么多年，现在要取缔他，他可能会罢工。怎么办？

只能说服阮总以北京和山东为试点，比如，北京从一个经销商变成了14个分销商，为各种零售终端去配送。当年，北京和山东都实现了销售翻一番的目标。这样企业才有了信心，才在随后的三年才完成了全国深度分销服务体系。

> 大家一定记住：品牌为王，渠道王中王。
> 品牌是让人乐得买，渠道是让人乐得卖。

品牌有了、渠道有了，最后说说传播。

中国许多企业一般都会请个策划公司提炼产品卖点，创意一句广告语，设计一个 Logo 和一本画册，这最多是解决了品牌价值沟通的内容。

谈起渠道营销就觉得很纠结，不知道如何下手；谈起品牌传播，就会更纠结，害怕有风险。

当时定的传播策略是顶天立地！

中央电视台300万元广告费投入，树立公牛品牌的第一形象——顶天。

投放1万块店招（商店的招牌）共750万元（1500万元，公牛出50％的费用）——立地。

总共1050万元传播投放，对于已经有5亿元销售的公牛来说，真的很少，但是企业迈出从生产推销到品牌营销的这一步太难了，就和让企业家去蹦极是一样的，尽管他们也认为是安全的，但就是不敢跳。

所以拍广告片的时候，阮总就犹豫了。作为营销咨询专家，你不仅要告诉企业正确的方向，还要考虑到企业家的心理的承受能力。

我说："阮总，我们帮你做一个最低成本的广告片吧，只需要15万元，而且是成本报价，没有差价。"阮总听到这么低的支出，犹豫了一下，说："好！"

这就是 2010 年央视播放时间很短的一个 10 秒广告，形式类似于公益广告。

> 第一个情景：一个老式的排插漏电起火，后来整个楼都着火了。
>
> 画外音是：砰！电器火灾猛如虎。
>
> 第二个情景：一个精致的公牛插座飞入画面，一只女性的手从容地将电接头插入公牛插座的插孔里，这时整个城市都亮了。
>
> 画外音是：请用公牛安全插座，保护电器，保护人。

很简单吧！因为想复杂，也没有费用啊！

区区 300 万元的费用怎么在中央电视台投放呢？

集中、集中、再集中！

大家可能都有个经验：每年春节阴历二十九到正月十五，家里的电视几乎从早开到晚，都快成家里的背景音乐了。那通常会看什么呢？几乎都是中央一套和二套，播放的内容就是春节联欢晚会，包括历年春节联欢晚会精彩回放、当年春节联欢晚会预告、当年春节联欢晚会重播等。

春节联欢晚会的广告投放时间段就别奢望了，就专门投白天的套播，一天 8~10 次不等，时间不定，如果没有别的广告播，就播公牛。

到了阴历二十九，小年前一天，我都忘了广告的事，我在看书的时候，突然背后传来：砰！电器火灾猛如虎，请用公牛安全插座，保护电器，保护人。

真惊着我了！那一天的整个白天，惊了我好几次，我很高兴，我知道这次投放成功了。

那一年是 2010 年的春节，后来在正月十五元宵节的晚上，中央电视台老楼不幸发生了火灾，本来我们还有几天的投放，但据非正式小道消息称：央视说，快别播了，真让你们说着火了。

公牛的广告也就提前结束了，也确实不适合再播了。但这次低成本集中投放的策略是成功的。

经过这一年循序渐进地导入，公牛小心翼翼地开始进入了品牌营销的元年，后来渐入佳境，三年完成了城市渠道的布局，挂起了 20 万块店招。

后来越战越勇，网络渠道深入县、乡、镇，店招数量超过了 80 万块，这 80 万块的店招只占 20% 的传播资源，但获得了 80% 的传播效果。

提起店招，有一次我到福建一个有机黑猪养殖基地调研，穿上大褂、戴上帽子，还被消了毒，然后进了露天养殖场，无意间一抬头，吓我一跳，不远处的农村小商店的店招就是公牛的，好家伙，都挂到这儿了。

什么叫传播策略？就是选择最合适的方式。

什么叫传播战术？就是一指禅，集中所有力量，持续作用于一点，直到把它击穿！

很多企业做渠道、做传播要么策略不明晰，什么方向都要去，哪个方向都没做好；要么战术不清晰，在一个方向坚持一会儿，没见效，就开始怀疑自己。这两种情况都成为自己放弃做品牌的理由。

> 在一个永远长不大的行业，有一个永远成长的企业，它就是公牛，是中国大行业大企业不得不学习的榜样。

03

西游记能不能营销成中国的迪士尼?

淮安是中国苏北的一个地级市,如何从近300个地级市中脱颖而出?一定要站在中国乃至世界的高度,给它一个大的定位。聚焦一个大IP——淮安是《西游记》作者吴承恩的故乡,打造一个西游记主题公园,塑造一个大西游产业链,比如说电影、动漫、游戏、玩具产业、食品等产业,把淮安从一个农业城市升级为世界神话旅游"圣"地!

2016年6月16日,上海迪士尼乐园开业,在不到一年的时间内,仅门票收入就达到了120亿元。

我随机问了一些孩子:"你们节假日去哪玩啊?"

很多孩子们说:"去迪士尼啊。"

大家想想多么可怕,那么多孩子整齐划一地对迪士尼憧憬和向往。

我在想一个问题,孩子们是通过什么途径知道迪士尼、了解迪士尼的?

哦,他们在看动画片!动画片中有很

多迪士尼的卡通人物，米老鼠、唐老鸭、美人鱼、白雪公主等。

这些孩子们除了看美国的迪士尼动画片，还会看中国的什么电视剧呢？是《西游记》！《西游记》在电视台重播了3000多次，在中国家喻户晓。我就在想，有没有可能将西游记营销成中国的迪士尼，打造成一个大产业呢？

2015年，淮安市委领导带着一个团队来到北京，征询我对淮安城市定位的建议和看法。我就给他们提出这个大胆的战略定位，在淮安建设中国的西游记主题公园。

为什么？因为吴承恩是淮安人。吴承恩写过一本书叫《西游记》——中国四大名著之一。主人公孙悟空，是中国唯一可以媲美变形金刚的世界级人物，所以我觉得有可能在淮安打造一个西游记主题公园，把它作为主题旅游打造成一个大文化产业。

当时大家有一些争论，他们说："路老师，能不能把淮安定位成龙虾之都、漂浮在水上的城市、运河之都等？"

我跟他们讲："淮安是一个有500多万人口的中型地级市，一定要站在中国乃至世界的高度，给它一个大的产业定位，这样才能形成一个大的产业联动，才能从300个地级城市中凸显出来。"

所以，我提出了"西游记主题公园"这样一个大胆的建议和设想。

那么，从逻辑上能不能成立呢？我们来分析《西游记》这本书——

它的故事丰富程度如何？九九八十一难、九九八十一个故事，数量够多。

它的人物数量够不够多？除了师徒4个：唐僧、孙悟空、猪八戒、沙僧，西游记里还有很多人物：天上的、地下的、海里的、山洞里的有几百个，显然人物数量也是够的。

它的精彩程度如何呢？从东土大唐（今陕西省西安市）出发，到达雷音寺（印度那烂陀寺），其地域跨度之广，沿途美食美景之丰富，我觉得精彩程度已超过了迪士尼。

所以从逻辑上是可以成立的。那具体怎么做呢？

首先，要把整个运作上升到产业战略，不再局限于 1 个公园、1 个电影、1 个电视剧、1 个 IP（知识产权），而是要把它们整个串在一起，让它既有局部又有整体！

不仅把西游记公园打造成九九八十一个景点，同时还要塑造大西游产业链，比如说电影、动漫、游戏、玩具产业、食品产业等 20 多个产业板块。把淮安升级为世界神话旅游目的地！

当时我们还提出来构建淮安的"大西游"形象，用 1000 多个孙悟空雕塑群构筑淮安对内对外的形象。我曾经建议请美国的斯皮尔伯格来拍一部电影，这部电影名称就叫作《孙悟空大战变形金刚》。

电影的情节初步设定为，孙悟空和变形金刚两人意见不合，一个代表东方的价值观，一个代表西方的价值观，两人产生了矛盾并引发了战争！正在他们打得筋疲力尽、天昏地暗时，外星人趁机要来毁灭地球。万般无奈下，两人联手拯救地球，在拯救与合作中，互相了解成为好朋友。大家想，如果这部电影在全球公映的话，那么影响得有多大啊！

我跟淮安政府相关负责人也谈过另外一个设想，一旦西游记主题公园在淮安建设成功，并且总结出一套经营运作模式以后，就可以直接代表中国的核心快乐文化，在美国迪士尼公园总部边上，建设一个中国的西游记主题公园。

每天放的电影就是《孙悟空大战变形金刚》，第1季、第2季、第3季……永远拍下去！用孙悟空这个角色，吸引全世界孩子们对中国的关注和了解。

这个项目已经在淮安初步落地，得到了很多领导人的高度关注。我期待这个项目在不久的将来，能全面完整地建设成功，用文化营销构建中国软实力，这是我的中国梦！

第五章

互联网＋战略

互联网改变世界才刚刚开始

01

互联网改变世界
才刚刚开始

互联网对人类商业活动最大的推动作用是什么？不是新科技的发展，而是沟通方式的改变，导致人类协作方式、分配方式等发生了巨大变化。互联网将让这个社会更加透明和公正，让优者自然胜出，让劣者快速出局。

为什么这样讲？

互联网对人类商业活动最大的推动作用是什么？不只是新科技的发展，还有沟通方式的巨大变化，沟通方式的变化使人类协作体系发生了巨大变化。

人和动物最大的不同是人类需要协作，因此人类自古以来就组建了很多组织，小型的组织叫家庭，大型的组织叫国家，还有中型的组织叫企业、单位、学校……人类之所以要形成各种组织，就是要形成合力，这样才能干大事。

如何把组织运转起来干大事呢？就需要沟通交流，因此，人类发明了语言、文字、造纸术、活字印刷术，产生了书籍。

我们都知道欧洲有一个漫长的中世纪(约公元 476 年 ~ 公元 1453 年)，有几百年，被叫作"欧洲历史上的一个黑暗时代"。

那个时候欧洲人还没有活字印刷术(我国活字印刷术传到欧洲的时间是 15 世纪，

即 1450~1455 年），如果当时能在羊皮上面写出一本《圣经》，需要花很大的工夫，很多贵族花大价钱才能买到一本这样的书，当时全世界拥有这本《圣经》的也不过几十个人。

谁拥有一本《圣经》，谁就会获得人们对他的崇拜和支持，由于只有几十个人拥有这本圣经和对圣经的话语权，其他所有人只能听他们说，欧洲人的思想就被禁锢了。

中国的造纸术和活字印刷术推动了人类沟通方式的革命和人类思想的解放。

中国这两大发明传到欧洲以后，每个人都可以轻松拥有一本《圣经》，每个人都可以和上帝沟通了，当所有人都可以拥有学习知识的通道时，欧洲人的思想就一下子解放了，艺术、科学、哲学等各个领域都得到了爆发式的发展，最终出现了欧洲文艺复兴运动。

所以，人类沟通方式的变化可以导致人类社会革命式的变化。

后来，人类发明了蒸汽机，出行工具由原来的马车变成了火车，一直到人类发明了电话、电报、电视，人们沟通交流越来越快捷、准确，经济活动和社会活动的效率越来越高，形式越来越多样。

但是，这些所有的沟通都是单向的、平面的，而互联网时代，人们的连接方式将变成全方位的、立体的、双向的。互联网实现了人类零距离、无边界的沟通，这种连接方式将使人类协作体系发生了重大的变革，人类的生产生活方式发生了重大的突变。

比如，要编写一本百科全书，过去要动用几千位大学者并耗费几十年的时间，而在互联网时代，我们可以同时给几亿人发信息，真正实现零距离、无边界的沟通。

你要是对这个百科全书有兴趣，并且懂得一个词条怎么解释，那你就把这个词条解释出来，并著作你的署名，你就要对这个词条负责，然后通过互联网发给我。

这样，全世界的学者就可以被调动起来，几天之内就可以把这本巨作完成。互联网可以创造人类历史上最大规模的协作体系，完成难以想象的跨界、跨区域工程。

以前买个自行车，生怕被偷，只要骑着出门，就必须骑回家，很辛苦；现在有了 ofo 小黄车（共享单车），1 亿人可以共享 1000 万辆小黄车。互联网将资产所有者和使用者有效分离，颠覆了房地产、汽车、酒店、景点、农业、金融等大行业、大市场的消费方式、经营方式和投资方式。

包括今天热议的区块链经济都是互联网条件下的社会经济、金融、价值评价系统的自然变革。

> 但是，要记住互联网改变了连接方式、沟通方式、协作方式、分配方式等，互联网将让这个社会更加透明和公正，让优者自然胜出，让劣者快速出局。

02
互联网让大健康产业
成为刚需

互联网带来了生活便利、工作便利的同时，也威胁着人类的健康。一方面，互联网为大健康服务提供了条件，比如在线问诊咨询、远程医疗等。另一方面，长时间的面对电脑，使颈椎病、"三高"患者越来越多……以往我们谈健康、谈护理，往往针对小孩和老人，互联网时代，全年龄段的大健康成为刚需。

现在，"叫外卖"成了一种普遍的生活方式。我工作的大楼，有二十几层，每到吃饭的时间，总是有一群穿着各色制服的外卖人员奔波于各部电梯、各个楼层之间，一手提着大箱子，一手打电话，"您好，您的外卖到啦……"

有一次，我和一个留美的创业家聊互联网，她说："在欧美国家，很多人不接受这样的快递服务。"我很奇怪，问："为什么？这样不是很方便吗？"

她说："确实很方便，但问题就在于太方便了，在美国，送外卖、送快速业务远比中国发展得早，但是人们发现，这样的生活方式并没有提高幸福度，虽然表面上节省了时间，却给了人们懒惰的理由和条件，让人们演变成'青蛙人'。"

我觉得这个说法很有意思，就问她："'青蛙人'是什么意思？"

> 她说，这是人们对依赖互联网、宅在家里的一类人的称呼，因为他们不运动，所以体型变得臃肿；因为肌肉萎缩，所以四肢变得细弱；因为眼睛常常盯着电脑，所以往往突出来，鼓鼓的，夸张地讲这类人的样子很像青蛙，因此叫"青蛙人"。

这个"青蛙人"的说法说明：互联网改变了生活方式，可能让健康远离了我们，未来还会对人类产生更大的影响。

因为互联网的大发展，最近几年，人们的生活发生了很大的改变。但实际上却大大减少了人们的运动。

5000年终于挺起腰杆的人类会不会再次弯下身躯

很多年轻人的颈椎、腰椎都出了问题，因为运动太少！除了睡觉就是坐在电脑旁，时间长了，颈椎、腰椎必然会增生、会老化，出现各种炎症。除了颈椎、腰椎问题外，还出现了心脑血管病，而且"三高"出现低龄化趋势，二十多岁的小伙子就出现血脂高、血压高的症状，最近几年总是有报道说年轻人深夜加班猝死……

互联网生活让年轻人运动的机会减少了，再加上吃一些高热量的简餐、外卖，时间长了，多余的脂肪就沉积在血管里了，能不生病吗？

互联网带来了生活便利、工作便利，但同时也威胁着人类的健康。

以往我们谈健康、谈护理的对象，往往是小孩、老人，但是，互联网时代全年龄段的大健康产业成为刚需。

令人高兴的是，互联网在呼唤大健康的同时，也为大健康的发展创造了条件，比如在线问诊咨询、远程医疗等，以前要请国际一流医生做手术，需要患者出国去找专家或者请专家来，成本太高了。现在利用远程手术即可实现，纽约的外科专家可以在美国的医院远程操刀，给在地球另一端的患者做手术。

互联网创造了大健康产业的刚需，也提供了必要的条件，所以，未来我们不会变成"青蛙人"，但热衷叫外卖的人们，还是要注意一下饮食和运动，当心变成现实中的青蛙王子或者青蛙公主，毕竟想要得到一个吻后变回来，还是挺难的。

03

互联网催生"租赁业"大发展

二维码、APP、定位系统、大数据……一系列互联网智能技术的发展，让共享和租赁变得简单，如果你的产品价格比较高，产品折旧比较慢，产品的所有权和使用权可以分离，发展出租业务也许能使你开拓出一片新天地。凤凰自行车如果有了租赁的思维，就不会从一代名车沦落为 ofo 的代工厂了。

随着互联网的发展，各种新的商业模式层出不穷。其中，我们最熟悉的就是"共享"模式。从共享单车到共享汽车，从共享雨伞到共享充电宝，从共享房子到共享衣橱，有成功的企业，比如滴滴，也有不少失败的案例，比如某些共享单车的企业，还有更多的项目在探索的路上。

"共享"这个词说得很高端，其实目前市场上大部分的所谓共享经济的商业项目是披着"共享马甲"的租赁服务。

摩拜单车和 ofo 小黄车的业务模式就是自行车租赁业务；共享雨伞和充电宝的业务模式也是租赁业务。只有顺风车和爱彼迎的闲置房屋的短租业务，还勉强算得上是"共享"模式。

共享的概念火了，租赁的业务多了，不管叫什么，很多情况下确实方便了人们的生活，互联网催生了"租赁业"大发展。

有一次我在郑州参加完一个活动，要回北京，在机场候机的时候，发现手机快没电了，正好旁边有一个租借充电宝的机器，我就用微信扫了一下，付了100元押金，机器就送出来一个充电宝和一根数据线，然后我就用这个租来的充电宝给手机充了电。

半个小时后要登机了，我按照提示把充电宝还了回去，把押金退了回来，一共消费了2元钱，非常方便，连APP都不用下载，用微信就能搞定。

要是在微信没有这么火的时候，在支付没有这么方便的时候，在定位技术没有这么成熟的时候，这样的模式还真行不通。

所以，正是互联网的发展，使万物相连，使人们进入了物联网时代，让设备可追踪了，让风险可控制了，让交易更方便了。

在互联网如火如荼之前，就有汽车租赁的业务，但是管理起来很难，需要很多的人力物力，所以，规模必然大不了。

所以，现在如果你是在卖产品，而且产品的价格比较高、产品折旧比较慢、产品的所有权和使用权可以分离，不妨考虑一下能否发展租赁业务，也许可以开辟另一片市场。

我们有一个客户——山东力扬塑业有限公司（以下简称：力扬），主营产品包括塑料托盘，是托盘行业第一个开展托盘租赁业务的企业。别看塑料托盘不起眼，它可是现代物流、立体库房的刚需消耗品，占用资金很大。一个中型企业每年至少要花费100万元用于托盘的购买和折旧，旺季托盘不够用，淡季托盘又闲置，占用资金和空间，所以如果采用租买结合的方式，那么企业每年会节省很多钱。

于是，力扬第一个开创了托盘租赁业务，解决了客户旺季资金占用、淡季资产闲置的购买痛点，大大提升了力扬的市场竞争力。

先胜
后战

　　以前，租赁业务做不大，因为管理成本太高且管理难度太大，现在有了互联网技术，租赁业务就变得很简单了。

　　做生意，思维一定不能局限，要随着时代的发展，转变思路，创新模式。要是凤凰自行车有了租赁的思维，就不会从一代名厂沦为 ofo 小黄车的代工厂了。

04
互联网让品牌更集中还是更分散？

以前，如果大品牌的渠道没有延伸到三四线市场，就会被地方品牌占领，但是，线上平台瞬间让大品牌无死角全覆盖这些市场，品牌变得更集中而不是更分散。公牛插座虽然在线下仅占40%的市场，但在线上可以占到80%，所以，小品牌不要指望低价在线上突围，还是应该做好产品，精准定位、精准投放，卖好产品、卖高价值。

想要一款产品卖得好，需要有三个条件，缺一不可。

第一，经销商、销售终端乐得卖。因此，给到经销商和销售终端的利润就很重要，这样才能产生渠道势能，才能有人愿意推你的产品。

第二，消费者乐得买。不管是在媒体上打广告、在街边树路牌，还是在超市里搞促销，只有让消费者相信产品好，他们才愿意尝试购买，购买后愿意重复购买才能让产品有持续的销量。

第三，消费者买得到。这一点很多人容易忽略，但是很多时候，消费者知道了你的产品，并且想要尝试你的产品，但是就是不知道到哪买。

线上销售出现以前，很多大牌的渠道没有下沉到县镇市场，拿可乐为例，以前的县镇市场根本就没有可口可乐，也没有百事可乐，只有非常可乐，你买还是不买？所以就产生了很多区域品牌、城市品牌甚至是县镇品牌。

互联网的发展对这三点有什么影响呢？

首先，影响最大的，就是"消费者买得到"的问题。电子商务的崛起，让消费者出去旅游都不用想着带特产回家了，一是很沉不容易携带，二是无论什么地方的特产，只要网上一搜都能买得到。线下渠道铺不到的地方，在网络上下单，物流都可以送到。

问一个问题：在选择一款产品时，如果价格相差不多，你是选择买大品牌还是小品牌呢？肯定是大品牌嘛！所以，一些大品牌在线上开辟渠道后，迅速获得了人气和销量。

我们合作过的公牛插座，在线下占据了 40% 的市场，但是在线上占领了 80% 的市场；浪莎丝袜，线下占有率是 35%，线上占有率高达 80%。

> 我们可以看出，对于大品牌来讲，互联网和电子商务让他们的销售更广泛，无死角，在线上可以获得线下 2~3 倍的市场占有率。

其次，互联网还改变了"消费者乐得买"的问题。以前人们对品牌的了解要么通过广告，要么通过身边人，了解产品的途径很有限。

现在品牌信息通过互联网快速地传递给了消费者，包括一些病毒式的传播视频，它们能够很快地引起目标人群的共鸣和关注，抱着试一试的态度，很多人可能开始了第一次购买。

互联网时代品牌传播从原来的中心发射式的单向的传播，到双向、多向的互动传播，人们的注意力被分散在了各个角度，除了门户网站、优酷、爱奇艺等视频霸主和今日头条等新闻客户端外，还有微博头条、大 V、微信公众大号、直播等。

传统的媒体广告投放需要投入大量的资金，"砸"到电视广告上，现在的互联网广告是否需要大量的资金呢？

当然需要！而且一点也不会比电视上少。只有大企业才能付得起大传播和大广告投入，以此覆盖更多的线上人群，使品牌得到有效传播，从这个层面说，互联网让大品牌的认知度更集中。

那互联网时代的小品牌就没有机会了吗？不是！这是最坏的时代，同时也是最好的时代。

互联网的发展使各种大平台、小平台百花齐放，为我们提供了精准广告投放的可能。社群的活跃，让一个小品牌也可以拥有一群忠实的拥护者，这些小品牌分散在各个角落，有自己的一片天地。

所以，如果你是一个小品牌，那么你一定要准确切割出自己的人群，精准地投放广告或者运营好自媒体，自媒体是获客和维系客户黏性成本最低的方式。

小品牌要先让自己活下来，再寻求如何活得更好，用优化的产品和优质的服务去赢得更多客户。

大品牌有大品牌的玩法，小品牌有小品牌的招式。但是无论大品牌还是小品牌，都要顺应时代的发展，运用最先进的工具，让产品和服务到达目标客户手里，做一些有效的传播，到达目标客户心里。

第六章

战略大赢家

谁定规则，谁就能赢

01

不要用管理骆驼的方法来管理兔子

我们学习了那么多外国的企业管理，为什么一做就错呢？因为很多外国的企业是骆驼，而我们中国绝大多数企业是兔子，骆驼前进需要稳健，但是兔子一定要有速度，为了生存，我们必须找到快速增长的战略和路径。

有一次，李嘉诚先生在一个论坛上演讲，听他演讲的有几百位企业家，包括我的一些学生，李嘉诚讲完后，全场热烈鼓掌。

轮到我讲了，我就问同学们："李先生讲得好不好？"大家说："好！"

我说："能不能学？"学员们被我一下问蒙了，我就告诉他们："不能学，一学就错！"他们眼睛睁得大大地看着我，心想好东西怎么能不学呢？我说："刚才李先生说了一句话——钱如粪土，你们站起来，鼓掌鼓了20秒，你们的钱真的像粪土一样不重要吗？"

"李嘉诚先生还说要拿得起放得下，他的东西太多了，当然要放下，你们从来就没有拿起过，还有什么可放下的呢？李嘉诚先生说得对，但是，你不能随便学。"

李嘉诚先生是一个成功的人，是世界级的华人企业家，我们很多企业都还在成长的路上，或者说还没有成功，前提条件不一样。

我们学习了很多外国企业管理的理论，这些理论的每一句话说的都是对的，但是为什么一学就错呢？

> 很多外国企业是骆驼，我们中国绝大多数企业是兔子，不能用管理骆驼的方法管理兔子。

为什么不能用管理骆驼的方法管理兔子呢？

第一，体量不一样。骆驼的骨架大，兔子的骨架小。宝洁公司、可口可乐公司、微软一年销售额达到几百、几千亿美元，我们中国最大的民营企业能做到 1000 亿人民币就很不错了，大多数企业只有 2~10 亿元的规模，还有很多企业只有几百万、几千万元的销售额。

第二，骆驼前进需要稳健，因为它掉头很麻烦；兔子一定要有速度，没有速度，那么小的规模，什么时候能追上别人？所以说，不是你想跑多快，而是为了生存你必须跑多快！

如果我们只是几百万、几千万元规模的小微企业，那么我们必须找到增长 50%~100% 以上的路径和方法。

如果我们是 1 亿 ~5 亿元规模的小型企业，那么我们必须找到增长 30%~50% 以上的路径和方法。

如果我们是 5 亿 ~10 亿元规模的中型企业，那么我们必须找到增长 20%~30% 以上的路径和方法。

如果我们已经是 10 亿元规模以上的大型企业，那么我们必须找到增长 10% 以上的路径和方法。

中国 GDP 每年增长 6% 以上，因此，如果低于 10% 的增长速度，企业的战略和战术一定存在问题。

第三，骆驼十五天不吃不喝，照样可以穿过沙漠到达目的地，因为它有足够的储备；兔子 3 天不吃不喝，就可能死亡。

跨国企业有历史、有资金、有技术、有品牌、有经验、有积累，它们在中国拿出 1 亿美元"砸"市场，只占销售额的千分之一、万分之一，中国有多少企业有这种实力啊？

跨国企业可以用 3~10 年的亏损的代价抢占中国市场份额，而我们中国企业的每一步战略都是要让自己活下来，不断壮大。等到有一天我们成为骆驼了，体量大了，我们再用管理骆驼的方法来管理企业。

有一次，我的一个学生跑到我的办公室说："路老师，我的企业搞成了这个样子，我都欲哭无泪了。"我笑了笑说："你说说怎么回事？"

他说："我参加了一个 MBA 培训班，培训班组织我们到蒙牛公司参观学习，说这个企业做大的理念是：财散人聚，人聚财聚。我听着很激动，参观学习结束回到公司后，我就把企业股权分给了三名副总，我和三名副总每人持有 25% 的股权，我想他们肯定会玩命地干活了，财已经散了，人就应该聚了。我没有想到的是，这三名副总觉得终于和我有了同样的权益了，就开始请职业经理人来干，不仅使成本上去了，还离心离德，企业一下子就垮了。路老师，我错了吗？我错在了什么地方？"

我说："我首先问你几个问题，第一，这个企业的创始人到底有没有说过这句话？他就算说了，他做到没有？听其言，还要观其行，看是否言行一致。第二，假设这句话是对的，那应该在什么情形下实现？在我看来，只有两种情况，一种是企业初期，没有钱，需要大家集资干事情，就是现在的创业创客，但这不是散，而是聚；另一种是企业做得很大，创始人老了，没有接班人，他会选择股权激励来获取人才。你现在的企业既不是初创企业，也不是大型企业，还只是有一两亿元规模的小企业，你一定要把资源往拳心里握，形成一个拳头，打出来才有力量啊，你怎么能把资源分散出去呢？你学反了呀。"

他恍然大悟……

大家看看，我们很多人喜欢学习知名企业的成功理论，但很少去研究这个理论成立的前提。大家一定记住这句话：不要用管理骆驼的方法来管理兔子。

02
资源整合的基本理念：
使用权大于所有权

一些企业家经常自豪地说："我们企业一分钱贷款都没有。"彼得·德鲁克说："成就一个企业的所有资源都是外部的。"做大事，一定要学会整合资源，不要什么事都自己做，什么钱都自己拿，马云、刘强东之所以成功，就是学会了"穿别人的鞋，走自己的路"。

有同学跟我说："路老师，我的企业做得很好！"

我就问他："怎么好啊？"

他说："我的企业没有一分钱的银行贷款。"

我就反问他："你做大了吗？"

大家看马云和刘强东，哪一个成功人士不是靠着别人的资本来实现自己的目标？所以今天我要给大家讲的一个基本理念就是：

不要总是用自己所拥有的东西去做一件事。

你所拥有的东西是有限的，怎么去做更多的事来赚更多的钱呢？

> 彼得·德鲁克（现代管理学之父）曾经说过："成就一个企业的所有资源都是外部的。"

大家想一想，公司里的员工是谁的？是别人的孩子。这不就是外部资源吗？如果你要用自己的孩子当员工，那你要生多少孩子呀？

所以说，最重要的人力资源就是外部资源。

有人接着说："路老师啊，我必须挣够钱再去投资。"

那你要挣多少钱？要挣到什么时候？要错过多少机会？

大家想想看，中国早期发展起来的企业，有些是用银行的钱，有些是用政府投资的钱，有些是用外资的钱。一旦一个企业成为上市公司，有了融资的平台，你就可以不停地融资，不停地用股民的钱去收购别的企业，这样你的公司会越做越大。

大家有没有想过，无限多的资金能干多大的事情？

> 要学会用别人的资金，干自己的事情。穿别人的鞋，走自己的路。

如果做到这些，那你就是高手！

很多人非常注重所有权。

我就问他们："人这一生，到底什么是你的？你的房产是你的吗？那你告诉我，70 年后你在哪里？你说孩子是你的吗？孩子长大后还是会独立生活，去做自己的事业。"

我走访过欧洲的一些地方，看到很多传承下来的城堡，都是以前的侯和爵的，甚至是某个国王给自己的后代留下来的，可是他们的后代在哪里呢？很多后代都没落了，将这些房产转赠给了政府，政府又将它们卖给了其他人，允许其他人使用。

人生只有使用权，没有所有权。

什么叫银行？银行就是把穷人舍不得花的钱拿去给富人花，富人越花越富，穷人越存越穷。

有个同学问我说："路老师，我们当地是苹果的核心产地，但是苹果卖不出好价钱，老百姓也挣不到多少钱，苹果又要保鲜，很麻烦。所以我想建一个果汁加工基地，你看怎么样？"

我说："可以啊。"

他又说："但是，我没有钱。"

我就说："没有钱怕什么？世界上有钱的人到处都是，你要想办法啊！"

后来，我给他做了一个详细的计划书，首先让他拿给政府看，为什么？和尚要化缘，就要有自己的庙，做企业要有自己的场地。

他拿着计划书给政府看，说："我想在咱们县建一个现代化的果汁加工基地，如果成功的话，将会成为咱们县里的支柱产业，我已经请路老师给我做了一个很好的营销方案，我要生产苹果汁。"

政府一听感觉很好，对他说："这是好事啊！"

那个同学接着说："但是，我至少需要一块地。"

经过沟通和申请，最后，他用极低的价格从政府手里买了100亩地，分期付款，减少了资金压力，节约了成本。

拿到土地后，他又把土地抵押给了银行，从银行拿到钱，把厂房盖了起来，随后又找到设备公司，引进了一套设备。

这样一来，有了工厂，有了设备，就差生产了，没钱怎么生产呢？就去申请农业贷款，拿到贷款，收了第一批苹果，加工成了饮料，这样一来二去，公司也就逐渐做大了。

所以，一定要学会资源整合，不要什么事都自己做，什么钱都自己拿，一定要学会取外部资源为你所用，有了这种理念，你就能做成、做大！

03

强者的游戏规则：
你定规则你就赢

很多人做企业，为什么很辛苦？因为是在别人制定的游戏规则中玩，你再突破，你也不会强过规则的制定者。一定要从执行规则转变为制定规则，从被控制者转化成掌控者，后来者才可能超越领先者，弱者才可能战胜强者。

很多人做企业，为什么很辛苦呢？因为他是在别人制定的游戏规则中耗尽了自己的一生。

我们来到这个世界上，就会被告知各种各样的规则，比如，走路要右行，男孩要活泼，女孩要文静……再比如，下围棋就按照围棋的方法置棋子，下国际象棋就不要按照中国象棋的方法下……

我们总是在别人设定的规则里耗尽一生，就是为了研究在他的游戏规则中怎么突破，你再突破，你也不会强过规则的制定者。就好比无论赌徒的技术多么高超，也很难赢钱，因为规则是赌场制定的。

大牌可以讲故事，说优雅的女人要买 LV 的包，要穿爱马仕的服装，要涂迪奥的口红，于是女人们拼命努力，去买到那个包、去穿上那件衣服、去涂上那支口红，以证明自己是成功的、优雅的、杰出的。

妻子可以制定规则，说爱自己、爱家人的男人一定要在节假日带着老婆孩子去旅游，游遍千山万水。于是，节假日时你就带着老婆孩子在高速路上堵，在飞机场等，在高铁站挤，在景点转……一个节假日把自己搞得疲惫不堪，就为了证明自己是爱妻子、爱家人的。

大家看，所谓的各种规则裹胁了人们的一生。

> 成功者要从被规则控制转变为制定规则，从被控制者转变为掌控者。谁定规则，谁就能赢。

比如，什么叫好水，什么叫好饮料？

你也许会说："路老师，好饮料有很多种啊。"很多种是谁定义的？都是企业自己定义的，它告诉你，运动的时候要喝这种饮料，燥热的时候要喝这种饮料，女人想漂亮要喝这种饮料……只要企业的声音够大，重复次数够多，消费者基本都遵守了它制定的规则。企业说这是运动的时候喝的，消费者就不会在办公室喝；企业说这是女人喝的，男人们就不会去喝。

比如，什么叫好汽车？

你再做品牌，能做得过奔驰、法拉利，做得过这些消费者已经认知的高端汽车吗？你做不过，你就要重新定义汽车，把汽车重新定义为电动汽车、智能汽车、无人驾驶汽车等，特斯拉就是这么做的，所以特斯拉成功了，现在全世界都认为特斯拉代表未来。

再比如，什么叫好酱油？

传统的观念认为好酱油是晒出来的，所以大家就喜欢这种传统的晒酿出来的酱油。

> 很多时候，我们认为古老的、原汁原味的家伙就是好的，因为时间越久，人们的认知就会越根深蒂固。

事实上，酱油起源于中国，但是传到日本后，日本人把中国传统的酱油裸晒工艺进行了改良，把酱油放在一个封闭的发酵罐里发酵，这个罐子可以模拟四季温度、湿度的变化，也就是仿生态四季发酵，这样就规避了天气变化、沙尘、雾霾对发酵的影响，保证每个批次酱油都是精品，最重要的是，可以杜绝裸晒导致的杂菌污染。

人们的脑子里一直存放着一个好酱油的制作规则，就是越古法、越传统越好。

中国人发明了酱油，但是全世界都认为日本的酱油最好，而且日本的酱油在全世界的销量远远超过中国。

鲁花（山东鲁花集团有限公司）的董事长孙孟全到日本考察研究日本的酱油为什么味道那么香，颜色那么好。回国后，他在传承中国酱油酿造工艺的精髓之上，放弃裸晒，在仿生态酿造仓里进行精细化、精准化酿造，生产了中国新一代的酱油——鲁花自然鲜酱油。

> 我们重新切割了这瓶酱油工艺：非传统晒酿工艺，而是新一代净酿工艺。
> 我们以这瓶酱油切割了一个时代：鲁花自然鲜酱油，开创酱油净酿时代！

无论鲁花花生油做得多好，如果鲁花酱油不能摆脱传统酱油制定的规则，就不可能成为酱油的领先品牌，超越300年历史的酱油老牌。

> 不破不立！敢于打破规则！创新规则！后来者才可能突破领先者，弱者才可能战胜强者。

04

营销如赛马，你押骑手，押赛道，还是押马？

赛马，你押骑手，押赛道，还是押马？营销就像赛马。马相当于产品，赛道相当于渠道，骑手相当于销售团队。三者都重要，但不要平均使力，在每一个阶段，重点攻克其一，完善其二，最后拿下其三。

这节和大家沟通一个问题：如何甄别自己企业营销的竞争力？

首先给大家打一个形象的比喻，营销就像赛马。

你是押骑手，押赛道，还是押马？

有人说，押马！什么品种、什么血统、第几代的马赢得概率是不一样的。

有人说，押赛道！我就赌第三赛道赢。

还有人说，押骑手！我就相信骑手，好骑手骑什么马都骑出好的成绩。

如果把这三种情况对应到营销上，是什么样的？

赛马相当于产品，赛道相当于销售渠道，骑手相当于销售团队。

第一种情况，押产品！

你是否有信心像乔布斯一样，做出一款令全世界惊叹的产品——iPhone？如果你坚信你的产品有竞争力，就相当于你在赛马比赛中押马。

第二种情况，押渠道！

如果你说："我的产品很一般，没有什么高技术含量，我也不是像乔布斯那样的天才，做不出令全世界惊叹的产品，我就想卖好一瓶水。"那你就得拼渠道、拼终端，就相当于你在赛马比赛中押赛道。

> 如果你的产品是普通的大众消费品，即使你打了广告，你是有品牌知名度的，也不要指望消费者"非你不喝""非你不吃""非你不穿""非你不用"，这时候，把产品铺到消费者面前，让他买得到，比把产品铺到消费者心里，让他乐得买更重要。

比如我们服务的公牛插座，它的渠道网络发展到了什么程度？从省会到乡镇，覆盖了全国几百万个终端，零售店的店招就做了80万个，即使在网上，也是几乎全覆盖。

再比如洋河，为什么仅仅用了10年的时间，销量就超过茅台、五粮液，成为中国白酒销量第一的品牌？因为拼历史比不过汾酒，拼价值比不过茅台，拼地域比不过五粮液，拼出身比不过二锅头，只能拼渠道！押赛道！

如果茅台可以靠"财大气粗"的省级经销商完成几百亿元的销售，那么洋河就必须招聘5000多名销售人员和30000多名终端动销人员，深入到终端，去铺货、去陈列、去促销。对于洋河来讲，品牌为王，渠道王中王。

第三种情况，押骑手！

如果产品不出彩，渠道网络也没建成，那怎么办呢？就必须拼团队了。拼团队，就相当于你在赛马比赛中押骑手。

团队相当于什么？相当于骑手。优秀的骑手，能够跟马进行有效的互动，能够在比赛中根据环境、地势、竞争状况有效调节策略，最终取得胜利。

比如，工业品营销要建立一支很强的销售团队。一名销售人员要完成对企业生产部门、采购部门、关键决策人（至少企业三大关键人物）的公关，要具备专业知识、营销技能、谈判技巧、服务意识、成本预估五大能力，而且还要知己知彼，才能打败对手，所以没有一支优秀的团队，是很难打开局面的。

产品、渠道、团队，三者都重要，每个企业所处的行业不一样，每个企业自身的情况不一样，所以不要平均使力，在每一个阶段，重点攻克其一，完善其二，最后拿下其三。

05

你是做一生一次的
生意，还是做一生一世
的生意？

美国的 GE 是制造航空发动机的一家公司，以前主要将产品卖给波音公司、空客公司，卖完就完了，这是一生一次的生意。后来 GE 把发动机租给航空公司，只要飞机在天上飞，每飞一分钟，每飞一厘米都有收益，这是不是一生一世的生意？你的企业是否有可能做一生一世的生意？

去年，山东的一个企业家李刚，在清华大学听完我讲课后就跑来给我交流："路老师，你告诉我，怎么才能把我的产品卖好？"

他做的是什么产品呢？说起来，不得了，李刚是一位建筑智能系统控制专家，他创造了强弱电一体化整体节能系统方案，通过他的智能控制系统可以让包括空调、照明、冷暖、地热等能耗降低 40%，了不起吧！所以我把李刚定义为"强弱电一体化节能之父"。

李刚给我的第一印象就是他特别像乔布斯那种类型的人，个性非常鲜明，头发非常蓬乱，说话非常快，做事非常严谨，后来我就跟他开玩笑说："科学家式的企业家大致都一样：头发蓬乱，穿着不讲究，眼睛发亮，说话很快。"

李刚给我讲，他正在全国推广节能智能控制技术，希望我能帮他整合资源，把节能智能控制技术卖得更好。我越想越觉得他很了不起，试想一下，如果我们中国所有的写字楼、酒店、政府大楼、医院、机场、火车站……都用他的节能技术，使能耗整体下降40%，那么我们的天空真的会很蓝很蓝，不会有雾霾啦！

李刚跟我谈销售模式：他主要给机场、写字楼、医院提供智能控制的一套硬件加软件系统，按照一套或者一个批次收取费用。

我跟他讲，这个销售模式不好的地方是：把设备卖完就完了！软硬件系统交付完，你的生意就结束了，你跟对方就没有任何关系了！

我说应该还有第二种模式，有些单位也希望节能，但是拿不出钱来，你可以把这个系统免费装到这些单位的大楼里，帮助企业产生节能效益，节省下来的能源费用我们提成10%。只要设备在运行，你就可以每天都在赚钱，这叫作什么？叫作一生一世的生意，原来的商业模式叫一生一次的生意。

李刚听完说："路老师，您说得很有道理，这样做就能在很短的时间内发展很多很多客户！"

美国的GE是制造航空发动机的，以前发动机制造完了就卖给波音公司、空客公司，卖完就完了。后来GE用了另外一种销售方式，把发动机租给航空公司，只要飞机在天上飞，GE每一分钟就都会有收益。

这就是一生一世的生意。

再比如，给大家讲一个ATM机（自动柜员机）的故事。一个企业早期卖ATM机给银行，我建议这个售卖ATM机的企业总裁把ATM机免费送给银行安装，他说："路老师，那我怎么挣钱呢？"

我说："通过 ATM 机存取钱的大部分客户都是有短信提醒业务的，拥有这项业务的客户是要向银行缴费的，你就跟银行分短信费就好了。"

只要 ATM 机放在那个地方，只要用户使用 ATM 机，你就能挣钱，对不对？你别小看这几分钱，你是在不停地挣、不停地挣啊！这样做，ATM 机就不是 ATM 机了，就是企业的印钞机了，每次挣 5 分钱、3 分钱，这个生意就越做越大了。

再比如，一个做山茶油的企业老总来找我说："路老师，我在湖南种了 3 万亩山茶树，但我用山茶树生产的山茶油不好卖，怎么办呢？把钱埋在地里容易，长出来怎么那么难呢？"

如果按照传统的营销思路，就会让他做品牌、做定位、做包装、做渠道、做广告，那把他累死，也不见得能做成，因为他做不了，也不懂。

我就跟他讲，能不能从卖油转化到卖地？

他说："怎么卖地呢？"

我说："你能不能卖茶树？你在中国找一千个人买你的茶树地，一亩地卖十万元，找一千个有钱人一人买一亩地，你的生意不就容易多了？"

他说，"路老师，那卖给他们以后我怎么挣钱呢？"

我说："如果我买了这个茶树林，那么第一，满足了我的一种情怀，我会觉得自己为这个大山绿化做贡献了！第二，我不可能天天去榨油，天天去除草施肥，那怎么办呢？我会再把茶树林返租给你，那你怎么给我租金呢？每年给我 50 斤茶树油就行了！这样不就捋顺了，不就能挣钱了吗？"

"如果你再给我生产的茶树油上面写上'老路专属茶树油'，那么我把这油送给我的亲朋好友时，我是不是觉得很有面子？很有心意？"

你想啊，一方面，我每年吃 50 斤茶树油，一斤茶树油市场价是 200 元，我一年得了 1 万元的油，10 年就把本钱赚回来了，20 年就相当于还挣了 10 万元，我觉得很合适啊！另一方面，企业是不是就有收入了，有收入就可以去融资了，有了资金，就可以做品牌、做渠道，最后就可以上市了。

企业跟顾客的关系从卖油变成卖树，一旦买了企业的树，消费者又变成了投资者，这时，消费者是不是从偶尔买我们一次山茶油，变成了山茶油的常年消费者和传播者？这是不是变成了一生一世的生意了？

你可以考虑一下，你的企业是否也有可能做一生一世的生意？

06

获得荣耀易，获得耻辱难

一个人向别人说出自己的问题、说出自己的不足、说出自己的现状，当然有些耻辱感，但只有这种能找到耻辱感的人才能不断地清醒自己、让自己振聋发聩、让自己醍醐灌顶、让自己看到差距，激励自己奋发图强。

有个学生，跟着我学习都跟了好多年了，我上哪里讲课，他就跟我去哪里，下课就和我聊天，我讲完课，还非得要请我吃饭。

我就说："你能不能不要总跟着我，我心里压力很大啊。我们谈的不是一个层次的事情。我谈的是战略顶层设计、商业模式、品牌、切割营销，你谈的是生意。"

他说："路老师，这恰恰就是我要经常跟着你的原因，作为一个企业家，作为一个老板，获得荣耀是很容易的，找一帮人拍我马屁就行了，'老板啊，你真了不起，你是行业里顶尖的人物，你看你真有胸怀啊……'但是，我发现获得耻辱是很难的。"

他接着说："我每次与你见面都有收获，这个收获是什么？就是让我看到，我和那些成功的企业家之间的差距，我看到差距、感受到差距，当然心里不痛快了，并且还能感受到短暂的耻辱，但就是这种差距感，激发了我内心的耻辱感，让我发愤图强，你看我的企业这几年总体都在成长啊！"

他的这几句话，让我心头一震，一个人，获得荣耀容易，获得耻辱很难。

一个人向别人说出自己的问题、说出自己的不足、说出自己的现状，当然有些耻辱感，有些难过，对不对？

但是大家要记住，只有这种能找到耻辱感的企业家，才能不断地清醒自己，让自己振聋发聩、让自己醍醐灌顶、让自己看到差距，激励自己奋发图强。

我们不需要找一帮人给我们拍马屁，让我们获得一种内心的虚荣的满足，而是要找到人家指出的我们做得不好的地方，要多寻找耻辱感，多寻找我们和别人的差距，多寻找别人指出的我们的症结，这样我们才能真正地前进，更快地进步！

获得荣耀容易，获得耻辱很难，但是获得耻辱比获得荣耀的价值更大！

07

营销的名义：遏制营销中的六大腐败（上）

营销的六大腐败基本上跟钱、权、美女无关，跟企业家本人和企业的高级管理人员有关。一是理想腐败，忘掉最初的理想是什么；二是意志腐败，遇到点困难就退缩；三是质量腐败，总是依赖低价竞争；四是时间腐败，把 90% 的时间用在非专业的事情上。

为什么要讲遏制营销的六大腐败，因为越自律，我们才能越强大。

2017 年有一部很火的电视剧《人民的名义》，我看了这部电视剧之后很有感触。我觉得一个组织、一个国家不会被任何人搞垮，除了他们自己。

决定我们成功还是失败的决定因素是内部因素还是外部因素呢？

对！显然是内部因素。如果我们归结为外部因素，我们永远会抱怨这个社会，永远找不到自己成功或者完善的一种方法。

按这个逻辑往下思考，大家会发现，如果我们这一生做的营销工作不出问题，那么我们基本上都能成功。

如果营销出问题，会出什么问题呢？我把营销中可能会出现的问题归纳为营销的六大腐败因素。这六大腐败因素也是中国 99% 的企业缺乏竞争力的原因之一。

人们一说腐败，就和钱、权、美女有关，而营销的腐败基本跟钱无关。我想跟大家讲讲营销的六大腐败因素之根——企业家本人或企业的高级管理人员。

第一大腐败——理想腐败。

有一个企业做食用油，找我的时候大概有六七千万元的销售额，按照我的方案做完了之后，销售额立刻达到了两三亿元。我们服务这个企业的工作结束后，我当时跟他讲，一定要专注于食用油行业，中国食用油太有机会了。1000亿元市场规模，60%~70%的食用油靠外国进口，多大的商业机会啊。而且菜籽油这个品种的食用油完全可以做到200亿元的市场规模，而且也没有什么知名品牌和强劲对手。

这个企业家当时也是信心满满，说一定要做菜籽油老大，做一瓶好吃的油、质量好的油，结果怎么样？腐败了，理想腐败了。

虽然原来的目标很清晰、很专一，但是在实现目标的路途中，被旁边太多的利益诱惑了，忘掉了最初的理想。

我们习总书记说过一句非常重要的话——不忘初心。就像《人民的名义》这部电视剧里面，那些所谓的贪官哪一个从小跟我们不一样啊？都有一颗纯洁积极的心灵，戴上红领巾举着拳头宣誓，为共产主义而奋斗。我相信他们说这句话的时候都是发自内心的，而且是随时准备为共产主义事业奋斗终生的，但是在奔向理想的路上，为什么很多人坚持不下来呢？

许多企业家非常容易滋生理想腐败。想一出是一出，不断地多元化，自己挣点钱之后，没有把这个企业持续推动成在行业中第一或者在这个品类中让人尊敬的企业，而是去搞房地产、搞电子商务、搞汽车，搞电池的企业去搞汽车、搞汽车的企业去搞医疗……

企业可以同时开辟八个战场，但你不可能在所有的战场取胜。

第二大腐败——意志腐败。

在实现理想的路上遇到点困难就退缩了。

有一个学生跟我信誓旦旦地说要做一个文化产品做到上市。这位同学做这个行业已经二三十年了，我帮他整合了营销，并帮他把销售额做到了几亿元。可是，突然有一天，这位同学跟我说他不想把企业做到上市了，为什么不想了呢？他说规范管理过程太累。

这叫意志不坚定，遇到事情就退缩，这也是很多人失败的原因或者不能成功的原因。

第三大腐败——质量腐败。

竞争过程当中总是相信低价而不去努力找方法，习惯于拼价格。你的产品价格越低，你就越没钱做研发，产品就越无法升级。不要说产品升级不了，你可能还会走向另一个极端？甚至为了降低成本，就开始降低原材料的品质，降低产品工艺的品质，最后，你的产品从低价走向了低质，还有什么竞争力？

这个世界上没有一个企业是靠拼价格成功的。

如果一个企业靠低质、劣质生存，那么就永远得不到消费者的尊重，永远只能是一个小企业。如果我们想成为大企业，就一定要反其道而行之。

没有人喜欢低价，他们都喜欢讨价还价或者叫占便宜。

所有人都在努力改善生活，怎么改善呢？就是买一些高品质的产品。我问大家一个问题，消费者是通过什么来快速判断一个产品好与不好呢？

是价格！大家都会认同一分钱一分货，高价值的东西一定是高价格。

一些媒体报道说某些电商平台上居然发现了 60%~70% 的产品是假冒伪劣产品，而且这些电商平台不以为耻，反以为荣，我觉得这是非常糟糕的一种思维方式和价值观。

第四大腐败——时间腐败。

人这辈子可以遇到三类事情：

第一类是老天爷的事情。比如明天是刮风还是下雨。

第二类是别人的事情。普京跟特朗普的关系好不好你管不着，因为你不接触人家的生活圈子，人家也不会搭理你。

第三类是自己的事情。我发现很多人把 90% 的时间用在前面两类事情上，在自己的事情上花的时间少之又少。

20 年前，我在伊利做副总的时候，我的一个朋友在一个国际大公司做高管。小伙子非常帅气，非常有经验，非常有能力。他周六和周日会陪一些所谓的大人物打高尔夫球和网球。

我问他："你平时上班很辛苦，周末又去忙着陪别人玩，你觉得有意思吗？"

他说："老路，想进入高层社会，就一定要跟这些人接触，张三李四都是人物，我跟他们打网球是为了建立关系，有了关系才能进入那个阶层，对不对？"

当时，我觉得这话有点问题，但也似乎有点道理。

我就说："你打你的球吧，我还是研究我的营销吧。"

前年我们见了一面，一个 48 岁的中年人看着像 60 岁，头发也掉得差不多了，没掉的那些头发也变白了。

我说："你怎么变成这样子了呢？你现在在干什么？"

他神情非常沮丧地说："老路啊，我现在失业了！"

我说："啊？你不是跟大人物在一起吗？"

他说："我现在弄明白了，他们只是把我当成一个球童，人家从来没想安排我什么职务。老路，还是你做得对，你研究营销，在营销这个领域，大家都很认同你并且尊重你。"

我跟他不同的是什么？我把时间用在自己的专业知识上，我研究了上百个跨国企业案例，弄清楚了 400 多种市场的运营方法。而他只是打球，球技越来越好，人也越来越老。人家喜欢年轻的陪练，他就失去了竞争力。

所以，我们一定要把有限的生命时光用在构建自己的核心价值上。

我曾经写过一篇文章——**自己不强大，人脉有鬼用**。

很多人说自己的朋友圈有几百上千人，我说你跟他们借点钱，肯定很多人会把你拉黑，所以大家记住：

> 人这一生最重要的资源不是钱财，而是时间，把时间花在刀刃上，持续地构建自己的核心价值。

08

营销的名义：遏制营销中的六大腐败（下）

五是责任腐败，在其位贪图享受；六是沟通腐败，品质好，却卖不好。杜绝理想腐败——目标不变，方法多变；杜绝意志腐败——背重物，赶远路，不着急，慢慢来；杜绝质量腐败——坚信低价永远干不过高价；杜绝时间腐败——交往有价值的人，做有价值的事；杜绝责任腐败——在其位谋其政，不要把希望寄托在别人身上；杜绝沟通腐败——世界没有真相，只有认知。

第五大腐败——责任腐败。

在其位不谋其政，在其位贪图享受，把工作交给职业经理人。

你既然做了企业家，就一定要记住，要承担一个企业家的责任。

我问一些朋友："你知道做企业家和做职业经理人最大的不同是什么吗？"

他们说辛苦或责任心不一样等。

我认为最大的不同是承受力的不同。

大家都知道毛泽东有一位非常厉害的老师，叫杨昌济。有一次，杨昌济给毛泽东出了一个题目：

项羽和李存勖有什么不同？

大家都知道项羽，可李存勖是谁呢？他是后唐开国皇帝。毛泽东研究了很长时间，最后给杨老师交了一个非常满意的答案。

项羽经不起失败，李存勖经不起成功。

为什么项羽经不起失败？据《史记·项羽本纪》记载，项羽当年被刘邦的军队围困起来的时候，他带领着几十人突围，逃到了乌江边，于是项羽就想东渡乌江（长江西岸的乌江浦）。乌江亭长把船停靠在岸边等候项羽，对项羽说："江东虽小，土地千里，民众数十万，也足够称王的。希望大王急速过江。现在只有我有船，汉军即使追到这，也没有什么办法渡江。"

项羽很伤感地说："上天既然要灭亡我，我为什么还要渡江呢？况且我当初带领江东的子弟八千人渡过乌江向西挺进，现在无一人生还。即使江东父老兄弟怜爱我而拥我为王，我还有什么脸面去见他们。"最后拔剑自刎。

项羽经不起失败，而李存勖经不起成功。李存勖带领部队打下天下以后，就开始杀他的功臣，主要大将都被他杀掉了，最后，他又被反对派部队干掉了。

一个人要经得起失败，也要经得起成功。一个企业家必须要有承受力。首先，要承受得了失败，职业经理人做不好就跳槽，企业家做不好怎么办？只能跳楼？其次，要经得起成功，有点业绩的时候，一定要戒骄戒躁、谦虚谨慎。中国一些企业刚做到三五亿元的市场规模时，企业家就开始天天把自己弄得像个神一样，开始脱离市场、脱离员工、脱离基层，甚至脱离真话，这样的企业能走得长远吗？

失败时，能坚信自己，成功时，还能检讨自己，这种企业家才能成功，才能持续成功。

什么叫企业家？企业家是以企业为家的人，不要做累了，就想找职业经理人帮你干，这是不可能的。李嘉诚为什么干到90岁才把企业交给两个儿子，因为他在前进，他同时在耐心地等待两个儿子的成长和成熟。

第六大腐败——沟通腐败。

很多人跟我讲，他的产品品质比对方好，却卖不过别人。

产品好和让别人认为你的产品好是两件事情。

产品卖得好的企业一定解决了一个问题：实现了产品和消费者认知之间的沟通。

产品技术上的差异可以量化，产品品质上的差异也可以量化，比如，奔驰汽车发动机和长城汽车发动机有多大差别？这个差别是可以计量的；可口可乐矿泉水和娃哈哈矿泉水的品质差异是可以计量的；在淘宝买的服装和在天猫买的服装的差异也是可以计量的。

但是有一种差异是不可计量的，也是不可度量的，叫认知差异。

比如你是好人，他是坏人，这个差异是无法计量的。

我经常跟学员讲，形象要永远走在能力前面。你想做一个成功的人，你首先要看起来像一个成功的人；你要做一个成功的企业，你的产品要看起来像一个优秀的产品。

很多女孩子说："我打扮得差一点没关系，我的心灵美，这个世界上的男人太爱慕虚荣。"我说："姑娘们，你们搞错了，这个时代的小伙子谁还会有耐心通过一个糟糕的外表来甄别一个内在优美的灵魂。"

如何让别人认为你的产品是个好产品？

第一，就是形象认知，把产品做得漂亮。拿破仑说，一个人穿上什么制服，就成为什么样的人。穿上将军的制服，别人就认为你是一个将军；穿上乞丐的衣服，别人就认为你是乞丐。

第二，就是价值认知，给产品附加一个概念。人们会拒绝看一本喋喋不休的产品说明书，但是很容易、也很愿意记住一个产品的价值概念。

比如，你卖一瓶矿泉水，如何卖出价值？你可以卖"5100米高山上的雪山矿泉"，也可以卖"地下3000米矿泉"，这样别人就会认为你的矿泉水是好矿泉水，才愿意为此多付钱。

卖服装也要有一个概念，比如，迪奥卖贵族的优雅，香奈儿卖自由的个性，阿玛尼卖简约。

不要以为产品好，就一定能卖得好，我们要真诚地站在目标用户的角度解除痛点、沟通价值、塑造形象，从而在用户认知中建立好产品的概念，这个就是营销的最大价值。

我跟大家简单交流了营销的六大腐败，那么我们如何杜绝六大腐败呢？

第一，如何杜绝理想腐败？

记住习总书记的话——不忘初心。高手的绝招是什么，目标不变，方法多变。盯住你的目标不要变，你的路径方法可以多变。

不成功的人恰恰相反，方法不变，目标多变。他只会走一条路，走了柏油路，土路就不会走了，就又换了一个目标，不成功的人，天天改变目标，永远制定目标，搞得自己很辛苦。

第二，如何杜绝意志腐败？

记住一个原理，人生就是背重物，赶远路，不着急，慢慢来。

耐心比热情更重要。你有了理想，如果你意志坚定，十年干一件事情，你怎么能干不成？怎么能不成为专家？不要被短暂的小恩小惠所影响。

杜绝意志腐败，就是要在奔向目标的路上，不着急，慢慢来，七八十年的人生，就是让你完成这个过程、实现这个目标的。

第三，如何杜绝质量腐败？

记住一个原理，低价干不过高价。

为什么？道理很简单，同样一款产品，你卖低价，大多数消费者会认为你质量差，即使今天因为低价买了你的产品，但他一旦有钱了，就会背叛你，去买高价的产品。你要敢定高价，把质量做得好一点，就会有口碑，有品牌效应，就会产生溢价。有了钱，就可以继续研发产品，提升产品质量，你的品牌就自然会越来越有竞争力。

第四，如何杜绝时间腐败？

要做有价值的事情，交往有价值的人。

首先，要做跟你成功有关系的事情，跟你成功没关系的事情可以少做、不做。其次，要交往有价值的人，一旦碰到有价值的人，就要跟他合作，向他学习。跟有价值的人合作，不要讲条件，他告诉你的是方法，他会带着你到一个新的境界。

第五，如何杜绝责任腐败？

记住一个原理，在其位谋其政，不要把希望寄托在别人身上。

很多企业家上午不去公司，中午喝得醉醺醺，下午去公司了，却穿拖鞋、穿背心，你这么散漫，怎么可能指望下面的员工好好干活？你要身先士卒，带着员工撸起袖子加油干。

第六，如何杜绝沟通腐败？

记得丘吉尔说过一句话，这个世界上没有真相，只有认知。

远离小聪明，找到大战略，扫除你产品和消费者之间的认知障碍，竞争的终极较量是关于认知的较量。

大家如果能够杜绝营销的六大腐败，坚持五年，你一定是一位非常优秀的企业家。杜绝营销中的六大腐败，跟钱无关，跟我们的脑袋有关。

09

营销是一场争夺人心的较量

政治就是争夺人心的较量，营销也是一场争夺人心的较量，不管是一个产品，还是一个组织、一个国家，都要用价值争夺人心，用爱感动心灵。营销就是沟通价值，沟通爱，是一场波澜壮阔的无声的战争，这场战争决定一个产品的效益、一个组织的强弱、一个国家财富的流转。

这一个章节是本书的最后一个章节，我前面跟大家讲了很多营销的方法，包括战略顶层设计、包括营销工具、包括营销技巧、包括如何找到营销的卖点或者痛点等，这一节我跟大家讲一讲，关于营销整个思维的导向。

简单地总结一下营销是什么？营销是一场争夺人心的较量，是一场无声的战争，是一个戏剧和财富的战场。

营销是一场争夺人心的较量，换句话讲，营销是争夺消费者心智的较量。

我的孩子小的时候，有一次坐在我的车里，走着走着，突然很兴奋，用小手指着，用非常幼稚、还不太流畅的语言说："爸爸你看，那是麦当劳！"麦当劳在孩子心中具有多么强大的吸引力啊！？当孩子们跟我说一定要穿耐克鞋的时候，耐克鞋在他们心中占据了多么崇高的位置啊！？

我们中国经济发展得很快且规模发展得很大，但是有品牌力量的产品却是寥若晨星、凤毛麟角。

> 什么叫品牌？品牌就是产品跟消费者之间的一种情感关系。衡量你的产品是不是一个品牌，只要问一个问题：如果你的品牌消亡了，消费者会不会有一些触动，或者一种怀念，或者一种伤感，甚至是痛苦？

我问大家一个问题，如果奔驰、宝马、奥迪、麦当劳这些品牌突然消亡了，在中国市场退出了，大家觉得消费者会是什么感觉？我想很多人会非常惋惜和痛苦或者无可适从。

中国是全世界茶业产出大国，我们会为此津津乐道，我们感到非常自豪。有一次，我到一个企业考察，这个企业的领导要陪我喝茶，没想到的是，他背着一套茶具来了，摆在桌上一圈，喝茶如果搞得那么复杂，离消费者的距离就变远了。

> 营销是让消费者和产品之间没有距离，或者消费产品的过程变得更简单、更容易，这样产品才能畅销起来。

立顿红茶一年的销量是多少？ 100 万吨。你知道中国茶的总消费量是多少吗？98 万吨。为什么立顿红茶如此畅销呢？第一，立顿红茶适应了生产的标准化，因为品质稳定比品质好更重要。第二，立顿红茶敢于逆向思维，中国人认为袋泡茶没档次，我偏偏在机场的 VIP 休息室、咖啡厅等高档时尚场所出现，你就很难说它没品位了。

产品营销是这样，组织是这样，国家更是这样。为什么我们习总书记讲，要讲好中国故事，传播好中国声音，实际上就是一个国家的营销问题，让外国人了解中国，让中国人热爱中国。

总之，不管是小到一个产品，还是大到一个组织、一个国家，都要用价值争夺人心，用爱感动心灵。

> 营销就是沟通价值，沟通爱，营销是一场波澜壮阔的无声的战争，这场战争决定一个国家经济的强弱，决定一个国家财富的流转。
>
> 营销是我们普通人改变命运的战略性武器，你可以白手起家，但不能手无寸铁。如果你一生中只需要学习一门课，那就是营销！